たった一度の人生を変える勉強をしよう

藤原和博

朝日新聞出版

開講の辞　中高生のきみへ

みなさん、はじめまして。藤原和博《ふじはらかずひろ》です。

これからみなさんには「人生を変える授業」に取り組んでいただきます。たぶん、ほとんどの人が経験したことのない、まったくあたらしいタイプの授業です。そのおもしろさと実用性の高さは、ぼくが全面的に保証します。

たぶんうれしいニュースだと思うけど、ぼくは教育学者とか、大学の先生とか、そういう堅苦《かたくる》しい立場のおじさんではありません。大学卒業後、リクルートという会社でトップ営業マンになり、東京都の公立中学校では初の民間人校長になり、現在は「ビジネス×教育×人生」をテーマに全国各地で講演するなど、アドバイザー的な立場で活動している人間です。ビジネスも教育も知っていて、ついでに人生を変える技術にちょっとだけ明るい、ひとりの先輩だと思ってください。

そこで唐突《とうとつ》ですが、みなさんに問題を出します。


「人はいったい、なんのために生きるのか？」

「人にとっての幸せとはなにか？」


これは、われわれ人類が有史《ゆうし》以来ずっと答えを探し続け、いまなお誰ひとりとして明確な〝正解〟を出せずにいる課題です。むしろ〝正解〟のない課題、といってもいいかもしれません。

ぼくはあえて、この問いから今日の授業をはじめようと思います。数式や英単語、歴史の年号みたいな正解ありきの授業をやるつもりはありません。これからみなさんに取り組んでもらうのは、どこにも〝正解〟がない課題に、自分だけの答えを探していく授業です。

きみはいったい、なんのために生きるのか。きみにとっての幸せとはなにか。きみは将来、どんな大人になって、どんなよのなかをつくっていくのか。この授業を終えたあと、きみは自分の手で、これらの問いに答えを出せるようになります。

ある意味これは、「考える」ということの正体を突き詰めていく特別授業です。

考えるとは、答えを暗記することではありません。誰かのつくった答えを探す作業でもありません。「考える」とは、答えを探すことではなく、答えを「つくる」作業なのです。

いったいそれがどういうものなのか、どんなにおもしろくて、どんなに達成感のあるものなのか、一緒に学んでいきましょう。

明日からの人生を変えてしまう、とっておきの授業。

始業のベルはもうすぐです。

目次

1 時限目

手と足を使って考えよう――43

シミュレーション能力を身につける

2時限目

みんなの力を借りてみよう——73

コミュニケーション能力を身につける

3
時限目

自分の答えを疑おう――103

ロジカルシンキング能力を鍛える

4
時限目

違う角度で眺めてみよう——135

ロールプレイング能力を磨く

5
時限目

答えをみんなと共有しよう——165
プレゼンテーション能力を身につける

0
時限目

もう「勉強」だけでは役に立たない

まず「勉強」を忘れよう

これから授業をはじめるにあたって、みんなにひとつだけ約束してほしいことがあります。とってもシンプルな、けれどもアタマの固い大人たちにはむずかしいかもしれない、たったひとつの約束事です。

それは、「勉強」という2文字を忘れる、ということ。

いまからはじめるのは、なにかを「勉強」するための授業ではないし、ましてや暗記をしたり、正解との答え合わせをしたりするような授業ではありません。むしろ、そういう「勉強」とは正反対にある授業だと思ってください。

なぜ勉強を忘れなきゃいけないのか。

その理由を説明する前に、「勉強とはなにか?」という問いについて、少しだけぼく自身の思い出話をさせてください。

あれはぼくが小学校の5年生か6年生のころだったかな。学校の課題図書として、ルナアルの「にんじん」という小説と、ヘルマン・ヘッセの「車輪の下」という小説を読みました。どちらも、世界の文学史に残るような名作です。

でもね、この2冊のせいで本が大嫌《だいきら》いになっちゃった。「なんでこんな薄暗《うすぐら》い話を読まなきゃいけないんだ！」って頭にきて、本というものに、ほとほとうんざりしたんだ。ようやく本のおもしろさがわかって、片っぱしから読みあさるようになったのは、大学を卒業して社会人になってからのこと。中高生のあいだは、読書なんて大嫌いだったんです。

さて、ここで考えてみてください。

どうして小学生のぼくは、文豪《ぶんごう》たちの立派《りっぱ》すぎる名作を読んで、「おもしろくない！」と思ってしまったのでしょうか。

読書が好きじゃなかったから？

小学生には高度すぎる内容だったから？

登場人物が外国人で、カタカナの名前ばかりだったから？

違う。そうじゃない。

「学校の課題図書として、先生の選んだ本を読む」というスタイルが、まさに「勉強」そのものだったからなんだ。

これは、勉強という言葉をバラバラに分解するとよくわかります。

勉強という字は「勉《つと》めて強《し》いる」と書くんだよね。「勉める」ってのは、ひたすら努力すること。そして「強いる」とは、むりやり押しつけること。要するに、勉強って「むりやり押しつけられた〝正解〟に向かって、がむしゃらな努力をさせられること」なんです。

だから、勉強がおもしろくないなんて、当たり前のこと。

小学校時代のぼくも、先生にむりやり「これを読みなさい」と強制されて、模範《もはん》的な読書感想文（つまり正解）を書くように押しつけられたからこそ、反発したし、読書が嫌いになってしまったんだ。

これから始まる授業でぼくは、みんなになにかを押しつけようとは思わない。努力や根性を要求しようとも思わない。なぜなら、そういう従来型の「勉強」をこなしているだけでは、通用しない時代になってしまったからなんだ。

なぜ大人は「勉強」を押しつける？

従来型の「勉強」をこなすだけでは通用しない時代。これは、どういう意味でしょうか？

いい機会なので、いまみんながどんな時代を生きているのか、そして昔といまとではなにが違っているのか、考えてみることにしよう。

ぼくが子どものころ、具体的には戦後の復興《ふっこう》期から高度成長期にかけて、日本の教育現場には三つのキーワードがありました。

「ちゃんとしなさい」

「早くしなさい」

「いい子にしなさい」

ごく普通の、どこにでもあるお説教《せっきょう》みたいに聞こえるかもしれないね。でも、当時はこれがすごく大切なキーワードだったんだ。

ちょっとむずかしい言葉を使うなら、それが時代の要請《ようせい》だったから。つまり、当時の産業界が「ちゃんと」「早く」「いい子に」している人材を求めていたし、日本という国全体がそんな人材を必要としていたから。

いったいどういうことなのか、この三つの言葉の裏側に隠されたメッセージを解《と》いてみよう。

1　ちゃんと……正しく
2　早く…………スピーディーに
3　いい子に……従順に

つまり、当時理想とされていたのは、正しく（ちゃんと）、スピーディーに（早く）、なおかつ従順に（いい子に）動く子どもだったわけ。……まるでロボットみたいな、おそろしい話に聞こえるでしょ？

でも、この教育方針が間違いだったかというと、そんなことないんだ。

当時の日本は、一人前の工業国になろうと、国じゅうが一丸《いちがん》となって突き進んでいた時代。国の経済がグングン伸びて、去年よりも今年が豊かになって、今年よりも来年が豊かになる、絵に描いたような「成長社会」だったんだ。

成長社会のルールは、いたってシンプル。

企業に求められたのは「もっとたくさん」「もっと安く」「もっと均質《きんしつ》に」の3点だけ。これさえやっておけば、放っておいてもモノが売れ、会社も大きくなり、みんなの暮らしがよくなっていったんだよね。もちろん、未来は希望にあふれ、国全体が活気に満ちていました。

そんな社会で求められるのは「ちゃんと」「早く」「いい子に」できる人。「読み書きソロバン」の基礎がしっかりできて、真面目《まじめ》に働いてくれる人。正解ありきの「勉強」がもてはやされたのには、こんな時代背景があったんだ。

国全体が右肩上がりの成長社会では、読み書きソロバンの「勉強」さえやっておけば十分だったし、ある程度の幸せが保証《ほしょう》されていたんだよね。

よのなかから消えた〝正解〟

さて、みんなは「失われた20年」と呼ばれる時代に生まれた世代です。テレビや新聞じゃなんとなく「失われた20年」って言ってるけど、この20年でなにが失われたかわかるかな？

きっと、みんなのご両親だったら、「経済成長がゼロだった」とか「デフレから脱《だっ》却《きゃく》できなかった」みたいな、国民経済に関する話をしてくれると思う。たしかに、経済の落ち込みは大きな問題だ。

でも、「失われた20年」の本質はそこじゃない。この20年で失われた、いちばん大切なもの。それは、かつて日本のみんなが共有していた〝正解〟なんだ。

わかりやすいところで説明しよう。

ぼくが子どものころ、娯楽《ごらく》の王様といえばテレビだった。リビングのいちばんいい場所にテレビが置かれ、家族揃《そろ》って同じ番組を見る。連続ドラマに歌番組、外国映画にクイズ番組、高校野球にプロ野球。そして大晦日《おおみそか》になれば、紅白歌合戦にゆく年くる年、というわけ。

家族の好みを心配する必要はありません。ブラウン管の画面には、家族のみんなが知ってる歌手が登場して、家族のみんなが知ってるヒットソングを歌っている。俳優さんも、アイドルも、クイズ番組の司会者も、みんなが知ってる「あの人」や「あの子」だったんだ。

でも、いまはどうだろう？

お父さんやお母さんと、好きなアイドルや好きな歌の話が通じるかな？

同じ部屋で、同じ番組を見ながら大笑いできるかな？

そもそも、そんなにたくさんテレビを見てるかな？

テレビは自分の部屋で見るのかもしれないし、テレビよりもゲームやスマホが中心かもしれない。テレビひとつをとっても、昔みたいな「夏といえば甲子園」「大晦日といえば紅白」の時代じゃなくなっている。万人にとっての〝正解〟が失われ、みんなバラバラになっている。

そっちのほうが自由でいい？

選択肢《せんたくし》がひとつしかないなんて、つまらない？

たしかにそうかもしれない。でも〝正解〟がなくなってしまったことで、よのなかには大きな変化が起きているんだ。

たとえば、かつて企業にとって絶対的な〝正解〟だとされていた「もっとたくさん」「もっと安く」「もっと均質に」という三つのルール。これが、まったく通用しなくなっているんだよ。

いま、企業がひとつのモノを「もっとたくさん」つくっても、在庫があふれ、大赤字を生むだけです。これは景気が悪いからというよりも、みんなの好みがバラバラになったから。同じクルマでも8種類や10種類のカラーバリエーションが必要になるし、それでも「好きな色がない」とそっぽを向かれるかもしれない。みんなが同じモノやサービスで満足していた時代は終わったんだ。

そして、モノを「もっと安く」提供しても、中国製や韓国製の安さにはかなわない。無謀《むぼう》な安さを追求した結果、売れば売るほど赤字が膨《ふく》らむ、という本末転倒《ほんまつてんとう》なことまで起こっているくらいだからね。

さらに、「もっと均質に」したところで、その他大勢のなかに埋《う》もれ、結局は割安の中国製や韓国製に負けてしまう。

じゃあ、どうすればいいのか？

……びっくりすることに、誰にもわからないんだ。ひとつだけわかっているのは、もはや「成長社会」にあったような〝正解〟は存在しない、ということ。

与えられた〝正解〟に従うのではなく、自分の手で〝あたらしい答え〟を探していかないといけないんだ。

きみたちが生きる「成熟《せいじゅく》社会」とは

ここで一度、話を整理しておこう。

日本が「成長社会」だったころ、よのなかには誰もが認める〝正解〟がありました。

たとえば、進学、就職《しゅうしょく》、結婚、出産、マイカー・マイホーム購入といったライフイベント。いい高校に入って、いい大学に進めば、大きな会社に就職できたり、公務員になれる。あとは年功序列《ねんこうじょれつ》でお給料も上がるし、黙《だま》っていても出世できる。そしていい人と結婚して、子どもをもうけて、郊外のマイホームを手に入れる。これはみんなが認める幸せのかたちでした。

働き方も同じだ。成長社会の産業界には「もっとたくさん」「もっと安く」「もっと均質に」という〝正解〟があって、決められた目標に向かって進んでいれば、明るい将来が約束されていた。「あそこをめざせ！」というゴールがあったわけ。

このとき、いちばん大切になるのは1秒でも早く〝正解〟にたどりつく「情報処理力」です。そして情報処理力を鍛《きた》えるのにもっとも有効な手段が「勉めて強いる」の勉強だったんだ。

勉強さえやっておけば、どうにかなる。親や先生、国や社会の言うとおりにしておけば、どうにかなる。ある意味それは、幸せな時代だった。

でもね、成長社会はある段階でストップする。しかも、心の部分でストップする。

その理由について、ちょっと考えてみよう。

日本が戦後の焼け野原から立ち上がろうとしていたとき、みんなの心を占めていたのは「たらふくメシが食いたい」「暖かい服がほしい」「まともな家に住みたい」という、衣食住についての欲求だった。

そして衣食住が満たされると、今度は「テレビがほしい」「冷蔵庫がほしい」「エアコンがほしい」みたいに、生活や文化に関する欲求が芽生《めば》えてくる。毎日の暮らしを、もっと便利に、もっと豊かにしてくれるモノを求めるわけだ。

だって、たとえば冷蔵庫があれば、肉や魚が腐《くさ》りにくくなるよね。そうすると家庭での食中毒が激減《げきげん》する。しかも保存がきくから買いだめすることができる。毎日お買いものに行く必要がなくなって、主婦たちの自由時間がグッと増える。

炊飯器や掃除《そうじ》機も、まったく一緒。あたらしい家電を手に入れることで、家事がどんどんラクになる。つまり、モノが豊かになることは、みんなの「幸せ」と直結していたんだよ。

じゃあ、ここで問題。

モノの豊かさがある程度満たされていったとき、今度はなにがほしくなる？

衣食住が整って、テレビや冷蔵庫、エアコン、自家用車なんかがぜんぶ揃ったら、社会の欲求はどこに向かっていくと思う？

モノ（物質）の豊かさは、もういらない。だって、いまさらテレビがあと1センチ薄くなっても、それは「幸せ」とは結びつかないよね。モノでは満たされなくなった幸せを、今度は「心の豊かさ」に求めるようになるんだ。

このあたらしい時代のことを、ぼくは「成熟社会」と呼んでいます。

モノの豊かさを求めるのが成長社会。それに対して心の豊かさを求めるのが成熟社会。これ、とっても大事なポイントなので、ぜひ覚えておいてください。

正解はきみの「心」のなかにある

それではここで、次の問題。

いま、なんとなく「心の豊かさ」って言葉を使ったけど、これって具体的になんのことだと思う？

なにがあれば「心の豊かさ」が満たされるんだろう？

……わからないよね。

そう、これは「心」がどう満足するかという問題だから、個人によってバラバラなんだ。たとえば、いまはプロ野球選手がメジャーリーグに挑戦することは、当たり前になっている。でも、昔はそうじゃなかった。生涯《しょうがい》日本でプレーすること、そしてあわよくば、ジャイアンツやタイガースのような人気球団で活躍すること。それが日本人プロ野球選手の〝正解〟だったんだ。

ところが1995年、当時日本でいちばんのピッチャーだった野茂英雄《のもひでお》さんが、周囲の反対を押し切って渡米して、大活躍する。もちろん、メジャーリーグに行って活躍できる保証なんて、どこにもなかったんだよ。それどころか、2軍暮らしや3軍落ちだってありえる無謀な挑戦だ。だって、日本にいれば球界のエースという立場が約束されていたわけだからね。でも、野茂さんの「心」は、それじゃ満足しなかった。安定や安心よりも、世界最高峰《ほう》のリーグに挑戦したい、という思いのほうが強かった。

結局、野茂さんの成功をきっかけに、たくさんの日本人選手がメジャーリーグに挑戦するようになっています。

もちろん、家族やファンの気持ちを優先して、あるいはメジャーリーグにそんな興味を感じることなく、生涯日本でプレーする選手も大勢います。これは「心」の問題なので、どちらが〝正解〟というわけではありません。

答えは、その人の心の中にだけあるものだから。

こんな感じで「成熟社会」になると、みんなの価値観、生き方、働き方、趣味嗜好《しこう》がバラバラに枝分かれして、とてもひとつの〝正解〟ではくくりきれなくなりました。これは、よのなかのルールが変わった、といってもいいくらいの大変化。

さて、ここで問題になるのは、ルールが変わればプレーヤーも変わる、ということ。

同じ陸上競技でも100メートル走とマラソンとでは、求められる能力がぜんぜん違うよね？　マラソンの時代になったのに、100メートル走のスタートダッシュばかり練習しても意味がない。長距離には長距離用の、練習メニューがあるはずです。

みんなの勉強についても、同じことがいえます。

基礎体力としての勉強が大切なのは、いまも昔も変わらない。

ここは勘違《かんちが》いしないでほしいんだけど、ぼくは「勉強しなくていいよ」といってるわけじゃなくって、「いままでの勉強だけじゃ足りないよ」といいたいんだ。

従来型の勉強は、あくまで正解ありきでつくられた、「成長社会」に必要な力を身につけるプログラム。これからの成熟社会では、正解ありきの勉強に加えて、「正解がない時代」を生き抜くための、あたらしい力を身につけなくてはいけません。

勉強という言葉が、再定義されるべきときに来ているのです。

読み書きソロバンの「次」の力

これからの「成熟社会」に必要なあたらしい力とは、具体的にどんなものなのか。

もう少し具体的に考えていこう。

成長社会の時代に求められていたのは、1秒でも早く〝正解〟にたどりつくための

「情報処理力」だった。

たとえるならこれは、ジグソーパズルを完成させるときの力だ。

何百というピースがバラバラになったジグソーパズル。そのパッケージには、「完成したらこうなるよ」という絵が描かれている。つまり最初から〝正解〟が与えられているわけだ。

そして、ピースの形状やそこに描かれた絵を頼りに、それぞれ適切な場所に配置していく。どのピースがどこに埋まるかはあらかじめ決められてるし、ひとつでも場所を間違えたら、パズルは完成しない。ジグソーパズルとは、与えられた情報（ピースの絵や形状）を素早く処理していく能力、すなわち「情報処理力」が問われる知的ゲームなんだよね。


一方、成熟社会に〝正解〟はない。

ジグソーパズルみたいな「完成したらこうなるよ」という〝正解〟もないまま、課題に取り組まなくてはいけない。たとえるならこれは、レゴ®ブロックを組み立てるような力といえるだろう。

たとえばレゴブロックで犬をつくることになったとき、手持ちのブロックをどう組み合わせて、どんな犬をつくるのか。大きさはどれくらいで、犬種はどうするのか。柴犬《しばいぬ》なのか、ブルドッグなのか、それともダックスフントをつくるのか。すべては、つくり手のみんなに委《ゆだ》ねられる。

100人の人がつくったら、100通りの犬ができあがるはずだ。

こうやってレゴブロックを組み立てていくような力のことを、ぼくは「情報編集力」と呼んでいるんだ。手持ちのブロック（情報）を組み合わせて、あたらしい答えを生み出していく力。誰かがつくった〝正解〟にたどりつくのではなく、手を使い、足を使い、頭をフル回転させて、自分だけの答えを「編集」していく力。自分の持っている技術、知識、経験のすべてを組み合わせてつなげ、「編集」していく力。

正解をめざす「情報処理力」とは、まったく違った力だ。

さて、ここでみんなは大きな問題に直面する。

よのなかに〝正解〟が存在した時代には、その正解を教えてくれる「先生」がいました。学校の先生はもちろん、家庭では両親やおじいちゃん・おばあちゃん、さらには会社の上司までもが、先生としての役割を担《にな》ってきました。

そもそも先生って、「先に生まれた人」という意味の言葉なんだよね。先に生まれた人は、すでによのなかの〝正解〟を知っている。だからこそ、お父さんやお母さん、会社の上司たちも「先生」として、たくさんの〝正解〟を教えることができた。ここでの正解は、〝常識《じょうしき》〟と言い換えてもいいかもしれません。

一方、正解の失われた「成熟社会」ではどうだろう？

先に生まれたってだけで、ちゃんと先生の役割を果たすことができるかな？

古い時代に〝正解〟だったことが、いまや〝時代遅れの常識〟だったりすることはないかな？

そう。よのなかに〝正解〟がないということは、その正解を教えてくれる「先生」もいない、ということなんだ。

国語や数学、英語など、特定の教科を教えてくれる先生は、もちろんいます。お父さんやお母さんが社会常識を教えてくれたり、会社の上司がビジネスマナーを教えてくれることもあるでしょう。

だけど、そういう知識レベルの〝正解〟を超えた、生き方や働き方の〝正解〟を教えてくれる先生は、どこにもいません。これからみんなは、先生のいない授業に取り組まなければいけないわけです。

もちろんぼくも先生ではありませんので、ひとりの「先輩」だと思ってください。

つまり、文字通りの「先に生まれた人」ということだよね。

先生よりも「先輩」が大切な時代へ

ぼくは「先生」ではなく、ひとりの「先輩」にすぎない。

じつは、このなんでもないひと言に、成熟社会を生き抜くための重要なキーワードが隠されているんです。

いま、みんなの周りにはどんな大人がいるかな？

普段、どんな大人たちと顔を合わせて、どんな大人たちと言葉を交わして、コミュニケーションをとっているかな？

たぶん、真っ先に思い浮かぶ大人って、両親に学校の先生、部活の監督《かんとく》あたりじゃないかと思います。やっぱり、広い意味での「先生」が中心になるよね。

親と子、教師と生徒、監督・コーチと選手。こうした大人たちとの関係は、基本的に「タテの関係」になる。上の立場にいる人と、その下の立場にいるきみ。教える人と、教えてもらうあなた。つまり、上下関係だ。

これに対して、友達との関係は「ヨコの関係」。どっちが偉《えら》いわけでもなく、対等な立場で付き合う、もっと気軽で、もっと親密な関係だ。

でも、人間関係ってタテとヨコだけで十分なのかな？

しかも〝正解〟を教えてくれる「先生」がいない成熟社会のなかで、誰からなにを学べばいいんだろう？

そこで、タテでもヨコでもなく、もうひとつ大切にしてほしい人間関係が「ナナメの関係」なんだ。

みんなにとって、いちばん身近な「ナナメの関係」といえば、塾の先生かもしれないね。大人たちは意外と知らないんだけど、塾っておもしろいよね？　勉強そのものがおもしろいかどうかは、人によると思う。でも、塾には独特の明るさや自由さがあるし、塾の先生に対しては、自分たちの味方みたいな、いい意味での先輩みたいなイメージがあるんじゃないかな。

これは、塾の先生とのあいだにタテの関係じゃない、「ナナメの関係」を結べているから。ナナメの「先輩」は、なにかの〝正解〟を教えてくれるわけではありません。彼ら・彼女らが教えてくれるのは、よのなかを生き抜くための〝ヒント〟だけ。自らの経験をベースに、親や学校の先生たちとはまったく違った角度からものごとに光を当て、あたらしい視点や考え方を示してくれます。

それに、みんなくらいの年齢になってくると、どうしても親や学校の先生に反発する気持ちが出てくるよね。これは、みんなが子どもから大人になる過程、または親を超えようとする過程で、どうしても出てしまうもの。その意味でも、反発する必要のないナナメの関係が大切なんです。

というわけで、ぼくのことを間違っても「先生」とは思わないでほしい。ぼくはタテの関係で上に立つ「先生」ではなく、あくまでもナナメの関係にいる、ひとりの「先輩」です。

遅くなってしまったけど、このへんで簡単な自己紹介をしておこう。

もともとぼくは、教育とはなんの関係もないバッリバリのビジネスマンでした。東京大学を卒業してから、20代のあいだはリクルートという会社で、文字通りに朝から晩まで働きまくりました。成長社会における、ジャパニーズ・ビジネスマンの鑑《かがみ》みたいにね。

でも、30歳を超えたところで過労からメニエール病という病気になり、自分の生き方や働き方を見つめなおすことになります。そして30代後半から約2年半、ヨーロッパに滞在して、長い歴史のなかで築かれてきた「成熟社会」を目《ま》の当たりにしました。この経験が大きかった。

たとえば、フランスの一般家庭では、リビングルームにテレビがありません。テレビが置かれているのはベッドルーム。

なぜって、リビングルームは食事や会話を楽しむための空間だから。むしろ、テレビのある部屋にお客さんを招き入れるほうが失礼だ、という感覚なんだよね。どうすれば「心の豊かさ」が満たされるのか、熟知《じゅくち》しているわけです。ほかにも毎日の食事からお酒の飲み方、休日の過ごし方まで、挙げるとキリがないんだけど、このヨーロッパ生活は、ぼくの心に大きな変化をもたらしました。

そして40代後半からの5年間、東京都の杉並《すぎなみ》区立和田《わだ》中学校で、義務教育分野で都内の公立中学校初の民間人校長になったのです。

和田中学校の校長になって真っ先に着手したのが、学校で教わる「知識」と実際の「社会」をつなぐ、「よのなか科」という授業。これは成熟社会に必要な、レゴ型の情報編集力を身につける授業であり、これからみんなに取り組んでもらうのも、「よのなか科」を再現した授業になります。

ちなみに現在、文部科学省は「アクティブ・ラーニング」（課題の発見・解決に向けた主体的かつ協同的な学び）というあたらしい学びのかたちを推進していますが、「よのなか科」は、その流れに先駆けた授業としても注目されています。

これから公教育の現場でもますます導入《どうにゅう》が進んでいくでしょう。

まったくあたらしい授業をはじめよう

レゴ型の情報編集力を身につける、「よのなか科」の授業。

この授業には、いっさいの〝正解〟がありません。こっちの答えがマルで、この答えはバツだ、みたいな答え合わせがない。

〝正解〟の代わりにあるのは、みんなが自分で導《みちび》き出した〝納得解《なっとくかい》〟だけです。

〝納得解〟とはなにか？

ひと言でいうなら「自分が納得でき、なおかつ周りの他人を納得させられる解」です。客観的に正しい解（正解）は、もう存在しない。だったら、せめて自分が心から「納得」できる解を導き出そう。そしてできれば、周りの人にも「納得」してもらおう、ということ。

ただ、〝納得解〟って言葉を「なんとなくそう思う答え」のことだとは思わないでほしい。最終的なジャッジを下すのは自分だけど、「これが正しい」と結論づけるためには、それなりのステップを踏まなきゃいけない。なんとなくのフィーリングで導き出した答えでは、周りの人に「納得」してもらうことはできないからね。

じゃあ、どんなステップを踏むのか。具体的に見ていこう。

まず最初にくるのが「観察《かんさつ》」。

たとえば、エネルギー問題について考えることになったとしよう。このとき、火力発電、水力発電、風力発電、太陽光発電、それから原子力発電まで、いろんな発電技術のメリットやデメリットを知っておかないと、安易《あんい》に「これが正しい」とはいえないよね？

よのなかをしっかり眺めて、自分が考えるのに必要な材料、ものごとを判断するために必要な材料を集めること。これが「観察」になります。

続いて「仮説」。

自分が集めた材料をもとに、「こっちがより良いんじゃないか？」「こうすれば問題が解決するんじゃないか？」という仮説を立ててみる。まだ最終的な答えじゃなくていいんです。いくらでも修正可能な「こうじゃないかな？」という仮の答え、つまり「仮説」です。ここでは、周りの意見も参考にすることが大切になります。

次にやるのが「検証」という作業。

自分の立てた仮説について、あえて批判的な眼で、穴がないかどうかをチェックする。自分の答えを、徹底的に疑ってみるわけ。感情よりも「論理」を大切にして、どんな反対意見にも耐えられるくらいに、鍛え上げる。

そして最後にくるのが「証明」です。

ぼくはこんな答えを導き出した、わたしはこれが正しいと思う、という自分なりの〝解〟を、周りのみんなに認めさせる。なぜそう思うのか、その意見やアイデアの根《こん》拠《きょ》はどこにあるのかをちゃんと伝えて、みんなに「納得」してもらう。

ここまでできて、ようやく〝納得解〟が完成します。フィーリングで出した答えとは、かなり違うはずですよね。


いまはまだ、むずかしそうに思えるかもしれない。

でも、考えてほしい。レゴブロックを組み立てるときだって、自然と似たようなステップを踏んでるはずなんだよ。材料を観察して、「こうすればいいんじゃないか？」って仮説を立てる。実際に組み立てるなかで「ほんとにこれで大丈夫か？」と検証して、最終的に「どうだっ！　ぼくなりの犬の完成形だぞ！」って証明する。

つまりこれって、レゴ型の力、「情報編集力」を鍛えるためのステップでもあるんだ。

そして「よのなか科」では、もっと実社会とリンクしたかたちで「情報編集力」を身につけてもらうため、次の五つのキーワードを大切にしています。

・シミュレーション能力
・コミュニケーション能力
・ロジカルシンキング能力
・ロールプレイング能力
・プレゼンテーション能力

意味のわからないカタカナがあっても、いまはだいじょうぶ。習うより慣れろ、の精神で、さっそく授業に入りましょう。

この授業が終わったとき、みなさんの生き方や考え方は、ガラッと変化しているはずです。自分にどんな変化が訪れるのか、周りの景色《けしき》がどんなふうに変わるのか、楽しみにしておいてください。

1
時限目

手と足を使って考えよう

シミュレーション能力を身につける

授業の進め方について

まず、本書《ほんしょ》の構成について簡単に説明しておこう。

たとえば、この1時限目では「シミュレーション能力」を身につけることになっているよね。でも、ほとんどの人は「なんでシミュレーション能力なんだ?」とか、「そもそもシミュレーション能力って、どんな力なんだ?」という疑問を持っていると思う。

そこで、それぞれの授業の冒頭《ぼうとう》では、ぼくが「学ぶ理由」についてお話しします。つまり「シミュレーション能力とはなにか?」とか、「なぜシミュレーション能力が必要なのか?」みたいなイントロダクションだよね。

きっとみんなも、数学の問題を解きながら「これがなんの役に立つんだ?」「こんなの社会に出てからどれだけ使うんだ?」と疑問に思ったことがあるんじゃないかな。たしかに、なんのためにやっているのかわからないまま進める勉強は、苦痛以外のなにものでもありません。

だからとにかくこの本では、最初に「学ぶ理由」をはっきりさせる。シミュレーション能力からプレゼンテーション能力まで、なぜそれが必要なのかをしっかり理解してもらう。その上で、ぼくが「よのなか科」でおこなってきた授業を、紙面上に再現する。みんなに、まるで本物の授業を受けているように、考えてもらうわけだ。

いまからはじめる1時限目から最後の5時限目まで、すべてこの流れでいきますので、よろしくお願いします。

すべては「知ること」からはじまる

それではさっそく1時限目をはじめよう。

この「よのなか科」は、「情報編集力」を身につける授業であり、もっとシンプルにいうなら「考える力」を身につける授業なんだよね。暗記する力でもなく、機械的に処理する力でもなく、自分のアタマで考える力。

じゃあ、「考える」ってどういうことだろう？

誰だって、毎日なにかを考えながら生きている。勉強以外でも、好きな食べ物のこと、好きなアイドルのこと、ほしいシューズのこと、今夜放送されるドラマのこと、明日の天気のこと、たくさんのことを考えている。

でも、ここに「考える力」はあまり使われない。

おなかが空《す》いたとか、あの服がほしいとか、明日雨が降ったらどうしようとかって話は「考える」というより、「感じる」とか「思う」に近い感情だよね。いま、ぼくが問題にしている「考える力」は、もっと深くて、もっと頭を使うもの。

そこで最初に、この授業の根っこにある「考えるとはどういうことか？」について、見ていくことにしよう。

たとえば、「うどんを世界の人に食べてもらうにはどうしたらいいか？」という問題があったとする。このとき、みんなの頭からはいろんなアイデアが出てくると思います。「鰹《かつお》ダシの風味が苦手な外国人は多いから、ダシを変えてみよう」「うどんの上に乗せる天ぷらを、フライドチキンにしたらどうだろう」「フォークでも食べやすいように、麺を細くしよう」みたいにね。

じゃあ、これがうどんじゃなくって、「からすみ」だったらどうだろう？

すぐにアイデアが出てくるかな？

そう。たぶんほとんどの人は「からすみってなに？」「そんなの食べたことないよ」という感想じゃないかと思います。ちなみに、からすみはボラという魚の卵（卵巣《らんそう》）を塩漬《しおづ》けにした食べもの。お酒のおつまみとして好まれていて、日本三大珍味《ちんみ》のひとつとされています。

うどんのPR作戦だったらたくさん「考える」ことができるのに、からすみのPR作戦については、ほとんどなにも浮かばない。

これってすごく大切なポイントで、ぼくらは自分が「知ってること」については、いろいろ考えることができるんだけど、自分が「知らないこと」についてはほとんど考えられないんだ。

だって、考えるための「材料」がないわけだから。江戸時代の人に「インターネットのおもしろさを述べなさい」といっても、なにも答えられないのと同じだと思ってもらうといい。

つまり、なにかを「考える」ためには、かならず「知る」というステップが必要になる。知らなければ、「調べる」という作業が必要になる。しっかりと調べて、たくさんの情報が揃ったところで、ようやく「考える」ことができるというわけだ。

まずは知ること。調べること。「考える」は、すべてそこからはじまります。

「もうひとつの眼」でよのなかを眺める

ものごとを考えるために、まずは「考えるための材料」を集めること。

本書ではこれを「観察」と呼びます。

よく、大人たちが「もっと本を読みなさい」とか「マンガばっかり読まないで、新聞を読みなさい」とか注意するよね？　本だったらともかく、新聞を読んでなにがおもしろいんだ？　と疑問に思った人も多いでしょう。

でも、「考えるための材料」を集めるという視点から見ると、新聞を読む意味も理解できるはず。新聞を読むこと、ニュースを見ること、あるいは町を歩くことだって、すべて「考えるための材料」を集める行為《こうい》なんだ。

だから、むずかしい問題に直面したときは、いきなり「うーん」と考え込むんじゃなくって、まずは「考えるための材料」を集めること。たとえば、進学先の大学を選ぶとき。あるいは就職先の企業を選ぶとき。「偏差値《へんさち》」なんていうモノサシだけで進学先を選んでいたら、とても「考える」ことはできません。

その大学にはどんな先生がいるのか。

どんな学部・学科があって、どんな講義に力を入れているのか。

大学の設備、広さ、建学《けんがく》の精神として掲《かか》げている言葉は。

部活やサークルはどれくらい充実しているか。

学園祭の雰囲気はどうか。

卒業生はどんな分野で活躍しているのか。

……みたいな感じで、たくさんの「材料」を集めてようやく、どの大学に進むかを

「考える」ことができるわけです。

これがジグソーパズル型の勉強だったら、最初からぜんぶのピースが与えられてるよね。「観察」の作業は、ほとんどいらない。でも、よのなかに散らばっているピースは、自分で探すしかありません。

大学選びだったら、入学案内のパンフレットに書かれた、なにげない一文。大学のオフィシャルサイトに掲載《けいさい》された、教室や図書館の写真。あるいはもっとストレートに、自分の足を使って（実際に大学を訪問して）肌で感じた、学生たちの雰囲気。

そんな「周りのみんなが見落とすかもしれない情報」を、いかにしてたくさん集められるか。


ここでのポイントはひとつ。

心のなかに「もうひとつの眼」を持つこと。

よのなかで常識とされていることに、あえて「ほんとうに正しいのか？」とクエスチョンマークをつけてみる。

あるいは、自分の出した答えに対しても、「それでいいのか?」とあえて疑いの眼を向ける。

さらに、相手の立場になって考え、第三者の立場になって考え、異性の立場で考え、大人の立場、お年寄りの立場、子どもたちの立場、外国人の立場、いろんな立場になって考えてみる。

これ、英語で「クリティカル・シンキング」といいます。直訳《ちょくやく》すると「批判的な思考」になるんだけど、英語の「critical」には「本質的な」という意味も含まれるので、ぼくは「複眼《ふくがん》思考」という訳語を使っています。

複眼思考、つまり「たくさんの視点からものごとを見て、考えること」。テレビや新聞が言ってることがぜんぶ正しいと思っちゃいけない。選挙の記事ひとつでも、いくつかの新聞を読み比べてごらん。報道の仕方は新聞ごとにぜんぜん違うから。ましてや、インターネットの情報なんてなおさらだ。よのなかにはいろんな考え方の人がいるし、本音と建前を使い分ける人も多いからね。

よのなかに流れている情報を鵜呑《うの》みにせず、一度立ち止まって、「ほんとうにそうかな？」と疑いの眼を向ける。別の角度から光を当てて、多角的に考える。そうすることによって、きみはたくさんの「考えるための材料」を手に入れるはずだ。周りのみんなは見逃してしまった、拾い集めることができなかった、けれども大切な、とっておきの情報をね。

ものごとを別の視点から眺める「複眼思考」。ぜひ意識するようにしてほしい。

自分だけの「仮説」を導き出すために

なにかを考えるときには、「考えるための材料」が必要になる。

そしてよのなかに散らばっている「材料＝情報」は、自分で探すしかない。

しっかりとアンテナを張って、足も使って、周りのみんなが見落とすくらい些細《ささい》な情報に眼を向けられる観察力が欠かせない。

特に、常識を疑い、自分の考えを疑うくらいの「もうひとつの眼」を持つこと、つまり「複眼思考」が大切になる。

ここまでの話は、わかってもらえたと思う。

でも、そうやって集めた「材料＝情報」は、まさにバラバラのレゴブロックのようなもの。なんのかたちにもなっていないよね。情報をたくさん持っていても、それを使いこなせなければ、意味がないんです。

じゃあ、どうするか？

そう、考えるんだよ。ブロックを眺め、手に取って、見比べる。頭のなかで右に左に動かしながら、組み合わせを考える。「このブロックを組み合わせていけば、こんな姿になるんじゃないか？」という設計図をつくっていく。最終的な「答え」じゃない。まずは設計図をつくるんだ。

ここでつくりあげる設計図のことを、「仮説」と呼ぶことにしよう。

いいかい？　これ、大事なポイントだよ。

〝正解〟のない成熟社会で、ぼくらが導き出せるのは、あくまでも「仮説」にすぎない。その「仮説」を最終的な〝納得解〟にまで磨《みが》き上げる方法は、これからゆっくり学んでいく。まずは「観察」によって得られた材料から、ひとつの「仮説」を組み立てる方法を身につけよう。

たとえば、アイザック・ニュートン。

木の枝から落下するりんごを見て、万有引力《ばんゆういんりょく》の法則を思いついた、という話はみんな聞いたことがあると思う。どうやらこのエピソード自体は後の人がつくった創作みたいなんだけどね。だけど、人がなにかをひらめくとき、仮説を思い立つときって、こんなふうに突如《とつじょ》としてインスピレーションが湧《わ》く姿をイメージする人は多いと思う。マンガなんかで、頭の上に電球の絵がピカッと光るようなイメージだね。

でも、仮説とかアイデアって、そんな偶然まかせのものじゃないんだ。

発明王のトーマス・エジソンだって、白熱電球を発明するまでにフィラメントの素材として2000種類もの材料を試しています。延々と試行錯誤を重ねた結果、日本の竹がフィラメントにぴったりだと発見したんだよね。

その苦労について聞かれたとき、エジソンはこんな言葉を残している。

「わたしは2000種類もの材料で実験を試みたが、それではうまくいかないことがわかった。これは2000回の失敗ではなく、2000歩も成功に近づいたのだ」なにもエジソンみたいに2000回試せ、とは言わない。

でも、ああでもない、こうでもない、といろんな道筋を試さなきゃ、とても「仮説」なんて生まれないことは理解しておこう。

シミュレーション能力ってなんだろう？

それでは、自分なりの「仮説」を組み立てるためには、どんな力が必要なのか。

ぼくはこれをシミュレーション能力だといっています。

シミュレーション・ゲームというジャンルもあるくらいだから、みんな言葉としては聞き覚えがあると思う。でも「シミュレーションする」というのがどういう意味なのか、どういう作業なのか、はっきり答えられる人は少ないかもしれない。

そんなときにはぜひ、「風が吹けば桶屋《おけや》が儲《もう》かる」ということわざを思い出してほしいんだけど、きみは知ってるかな？　江戸時代に生まれたことわざなんだけど、中身を知るとなかなかおもしろい話なんだ。

まず、強い風が吹く。昔の道はアスファルトで舗装《ほそう》されてないから、かなり強烈な土ぼこりが立つ。そして土ぼこりがたくさんの人の眼に入って、眼の病気が増える。眼科もそれほど発達していない時代なので、眼の病気が原因で失明する人が出てきてしまう。失明した人は、眼が見えなくても就《つ》ける仕事として、三味線《しゃみせん》を習いはじめる。三味線がたくさん売れるから、三味線に使うネコの皮が不足する（そう、江戸時代には三味線にネコの皮を張っていたんだ）。町のネコが捕まえられる。ネコが減るからネズミが増える。増えたネズミが桶をかじる。桶を修理したり買い替えたりする人が増えて、桶屋が儲かる。

「風が吹く」というほんの小さな出来事から、あれよあれよと話を展開させていって、最終的には「桶屋が儲かる」ところまで行き着いてしまう。もちろん、実際にこのとおりの流れになるわけじゃないだろうけど、おもしろい話だよね？

ぼくの言ってるシミュレーション能力とは、こういうこと。

だから、ちょっと考えてほしい。いまの時代、道路はアスファルトで舗装されているし、三味線にネコの皮を使うわけでもない。眼が見えない人も、いろんな職業に就いている。

じゃあ、これからあたらしく「風が吹いたら○○になる」ということわざをつくるとして、きみならどんな流れを考えるかな？

風が吹いたら洗濯物が飛んでいく。

洗濯物が飛んだら服が汚れる。

もう一度洗濯するから洗剤メーカーが儲かる。

……うーん。悪くないけど、まだ3段階だ。もう少し、できれば5段階とか10段階とか転がしていきたいね。

シミュレーションするというのは、こうやって手元の材料を頭のなかでゴロゴロと転がして、そこからどんな結果が生まれるか、どんな仮説が生まれるのかを考えていく作業なんだよね。

ニュートンのりんごにしても、同じこと。

仮にあの話が本物だったとしても、りんごを見て「引力だ！」と一足飛びにひらめいたわけじゃなくって、「りんごが落ちた」という事実を入口に、何十段階も転がした結果、頭のなかでたくさんのパターンを試した結果、ようやく万有引力の「仮説」にたどりついたはずなんだ。

もちろん、ここに〝正解〟はありません。

自由な発想で、5回10回20回、なんなら100回と、転がすだけ転がしてもらって、大いにけっこう。自分だけの「仮説」を導き出して、みんなに「ええっ？　どこからどうやってそんな答えが出てきたの？」と驚《おどろ》かれるくらい、大胆なジャンプをしてみよう。

いいかな？　ポイントだけをまとめるよ。

まずは「観察」によって、よのなかから「考えるための材料」を集めること。そのためにものごとを多角的に見る「複眼思考」を持つこと。

そして集まった材料を、じっくり眺めて、手に取って、見比べる。

頭のなかで右に左に転がしながら、組み合わせを考える。

「こうすれば問題が解決するぞ」

「この組み合わせだったらうまくいくんじゃないか？」

という、自分だけの「仮説」を導き出す。

この観察からはじまる仮説成立までの作業を、この授業では「シミュレーション」と呼びます。


じゃあ、実際の「よのなか科」の授業に移ろう。

これは「よのなか科」でもいちばん有名な、シミュレーション能力を鍛えるための「ハンバーガー店をつくろう」という授業です。

▼ハンバーガー店をつくろう① 人の流れをどう読むか

もう、挨拶《あいさつ》は十分だよね。いきなり「よのなか科」の授業に入るよ。

今回のテーマは、「もしも自分がハンバーガー屋さんの店長になったら？」というもの。ただ店長になるだけじゃないよ。新規出店、つまりあたらしくお店を出す場所を選ぶところから任されるんだ。

ほんとうは、まったく知らない町の地図を見ながら「どこに出店しよう？」と考えるのがいちばん頭を使うんだけど、今日は初回だし、きみが住んでいる町で考えてもらうことにしよう。きみが住む町のなかで、いったいどこにお店を出すのがいちばんいいだろう？

これを考えるときの条件は、ふたつ。

ひとつは「駅前にお店を出すのは禁止」というルール。もうひとつは「ショッピングモールにお店を出すのも禁止」というルール。

そりゃあ、駅前やショッピングモールだったら、たくさんの人でにぎわってるよね。人気店になれそうな感じもする。でも、そこにお店を出しているようでは「考えること」のトレーニングにはならない。駅前もショッピングモールも、ハンバーガーも売る別のお店で埋まっていると思ってください。


駅前がダメだったら、どうすればいいだろう?

高校や大学の近くにすれば、学生さんが利用してくれるかな?

大きな会社がある地区だったら、ビジネスマンでにぎわうかな?

幼稚園の近くに出せば、若いお母さんたちが集まりそう?

これはまだ、ぼんやりしたイメージでしかないよね。とても「仮説」とは呼べないレベル。

いきなり出店先を考えるんじゃなくって、まずは「儲かるお店とはどういう店か」について考えてみよう。

儲かるお店というのは、朝も昼も夜もたくさんのお客さんでにぎわっているお店のこと。特定の時間だけ混雑《こんざつ》するんじゃなくって、一日中ずーっと繁盛《はんじょう》していたほうがいいに決まってるよね。これをビジネス用語では「稼働率《かどうりつ》が高い」といいます。

オフィス街なんかだと、お昼はランチタイムのビジネスマンが集まりそうだけど、夜にはガラガラになっちゃうかもしれない。逆に住宅街だと、お昼はビジネスマンも学生も都市部に出ているから来ないでしょ。

こういうお客さんの「流れ」をつかむことができれば、どこに出店するべきか見えてきそうだよね。要するに、もっと正確な「考えるための材料」がほしいわけだ。

じゃあ、お客さんの「流れ」を知るために、どんな材料が考えられる？

まず浮かぶのは、きみの住んでる町の人口だね。自分の住んでる市町村の人口って、ちゃんと知ってる？　これは図書館に行ったり、インターネットで検索すれば簡単に出てくるデータ。でも、人口を調べるだけじゃ「観察」とはいえない。考えるための材料が、ぜんぜん足りないからね。

そこで今度は「昼間人口《ちゅうかん》」というものを調べてみる。たとえば、東京都の千代田《ちよだ》区。ここは人口5万ほどの区です。東京23区のなかでもダントツに少ない。練馬《ねりま》区は70万以上、世田谷《せたがや》区なんて90万近い人口を抱えているからね。

だけど千代田区は、皇居を筆頭に、国会議事堂や最高裁判所、総理大臣官邸などを抱える、まさに日本の中心地。霞《かすみ》が関《せき》の官庁街、大手町や丸の内といったオフィス街も有名です。

なので、実際に「千代田区に住んでいる人」は5万人ほどだけど、千代田区で働いたり通学したりして「昼間は千代田区にいる人」の数は80万を超えているんだ。これを「昼間人口」と呼ぶわけです。

これがわかると「千代田区は人口5万で、練馬区は70万以上だ。練馬区で勝負しよう!」みたいな考え方にストップがかかるよね。昼間人口でいえば、圧倒的に千代田区のほうが有利なんだから。

きみが住んでる町でも、普通の人口と昼間人口には差があるはず。住宅地だったら昼間人口が少なくなることは十分に考えられる話です。

このへんの詳細な人の流れを把握するためには、最寄り駅の乗降客数《じょうこう》を調べるといい。インターネット上で乗降客数が公開されている駅もあるし、駅や鉄道会社に直接電話すれば教えてくれるはずだから。

ほかにも、人の通行量。それからクルマの通行量。このあたりを調べることも、人の流れを把握するのに役立ちそうです。

ちなみにここまで調べても、まだ「観察」の序の口だよ。なぜなら人の数を軽く把握しただけだから。たとえば道路や歩道の幅だったり、信号や横断歩道の場所だったり、あるいは近隣の施設だったり、いろんな材料が重なり合って、ようやくどんな層のお客さんが何人くらいくるかという「仮説」が成り立つんだからね。

ぼくはこれ以上、ヒントを出すことはしません。もちろん〝正解〟も教えないし、そもそも教えられない。「よのなか科」の授業は、正解や答え合わせのないまま終わるんです。

自分の町に自分のハンバーガー屋さんを出店するとしたら、どこにするのか。そして、その場所を選んだ理由はなんなのか。ひとつじゃダメ。できれば複数の理由が挙げられるように、ぜひ考えてみてください。

「観察」から「仮説」にいたるシミュレーションの、第一歩です。

▼ハンバーガー店をつくろう② 1日の売り上げを推理《すいり》する

店長として、ハンバーガー屋さんを出店する場所が決まった。人の流れについての「仮説」も、一応立てた。

次に考えたいのは、「具体的にどれくらい儲かるの?」という点です。

仮に商店街のなかにハンバーガー屋さんをつくったとして、1日にどれくらいの売り上げがあるのか。売り上げのうち、実際の「利益」はどれくらいなのか。売り上げイコール利益じゃない。アルバイトさんに払うお給料なんかもあるからね。

それではまず、売り上げについて考えてみよう。

ハンバーガー屋さんの売り上げって、どう計算したらいいかな？

ひとつの要素は「何人くらいのお客さんがくるか」だよね。お客さんが多ければ多いほど、売り上げは増える。そしてもうひとつの要素が「ひとりあたり何円くらいのお金を使うか」になります。

100人のお客さんがきても、ひとり100円しか使わなかったら、売り上げは1万円。逆に、高級なお寿司屋さんなんかだったら、お客さんの数は20人だけど、ひとり1万円使うかもしれない。そうすれば売り上げは20万円だ。

この「ひとりあたり何円くらいのお金を使うか」というのを、ビジネスの世界では「客単価」と呼びます。

じゃあ、ハンバーガー屋さんの客単価はどれくらいだろう？ 100円で飲みものだけ買う人もいれば、1000円、2000円と使って持ち帰りで家族のぶんも買っていく人もいるよね。ここでは仮に、平均の客単価を500円と計算しよう。ハンバーガーとポテトやドリンクのセットが、だいたいこれくらいの値段だ。

そうなると問題は、来客数。前の授業で、人口や昼間人口、最寄り駅の乗降客数なんかを調べてもらったよね。

たとえば、お店の前の通行量が1日2万人だったとする。通勤や通学でただ通り過ぎる人、買い物で商店街を通る人、帰り道にたまたま通る人、いろんな人がいます。それで、2万人のうち何パーセントの人がきみのお店に入ってくれると思う？

50パーセント？　さすがにそれはむずかしい。50パーセントって、半分だからね。ハンバーガーなんてぜったいに食べない、という人だっているわけだから。

じゃあ30パーセントくらい？　いやいや、それも無理だよね。だって、それだとみんなが朝、昼、夜と3回そこを通り過ぎるうち、1回はお店に入るという計算になっちゃうから。つまり、毎日1回はハンバーガーを食べるってこと。どんなにハンバーガーが好きな人でも、毎日食べてたら飽きちゃうでしょ。

だったら10パーセントか。あるいは5パーセントか。

じつは、赤ちゃんからおじいちゃん、おばあちゃんまでの人がいたとき、その人たちがなにか特定の行動をする（この場合はハンバーガー屋さんに入る）確率は、たったの

1〜2パーセントくらいだといわれています。

確率としては、かなり少ない数字。がっかりするかもしれない。

でも、2万人の2パーセントといえば、400人だ。

そして客単価が500円だったら、1日の売り上げは400人×500円で、20万円ということになる。1か月だと、6000万円。1年で7000万円以上だよ。そう考えると、かなりの金額になるよね？

ここはほんとうにおもしろいところで、たとえば1個1000円のハンバーガーにすれば、客単価は確実に増える。でも、そんな高いお店だと、お客さんの数（来客数）は減っちゃう。価格をどれくらいに設定するかというのは、売り上げをシミュレーションする上で、とても重要なテーマなんだ。

ただし、ここで「よし、あそこに客単価500円のお店を出せば年間7000万円の『儲け』になるんだ」と考えるのは、まだ早い。

お店を回していくには、従業員やアルバイトさんにお給料を払わなきゃいけないし、家賃や電気代、水道代だって必要になる。もちろん、ハンバーガーの原材料費だってあるしね。こうしたもろもろの「出ていくお金」のことを、「コスト」といいます。そして売り上げ（入ってくるお金）からコスト（出ていくお金）を引いた残りが「儲け」になる。

じゃあ、100円のハンバーガーがあったとき、コストの内訳、原価《げんか》構成はどうなっているのかを見てみましょう。だいたいこんな感じです。

・原材料費……パン、肉、レタスなど、ハンバーガーの材料費
・人件費……従業員やアルバイトさんへのお給料
・家賃……お店の賃料
・光熱費……電気代、水道代、ガス代など
・宣伝広告費……チラシなど
・その他……清掃《せいそう》用具、備品、クリーニング代など

１００円ハンバーガーで、原材料費を80円や90円にしてたら、とてもお店が回らない。普段きみたちが食べてるハンバーガー、着てる洋服、あるいは使っているボールペンだって、家賃や人件費が含まれた状態で、売られているんだ。

それでは、１００円のハンバーガーのうち、家賃や人件費などそれぞれにいくらくらい費やしているか。これも、一般的な数字を出しておきましょう。

・原材料費………35パーセント（35円）
・人件費………25パーセント（25円）
・家賃…………10パーセント（10円）
・光熱費………5パーセント（5円）
・宣伝広告費……5パーセント（5円）
・その他………10パーセント（10円）

１００円ハンバーガーは、35円くらいの原材料費でつくられる。これを「そんなに安いのか」「だまされた」と思っちゃいけないよ。清潔《せいけつ》なお店で、人を雇《やと》いながらちゃんとしたハンバーガーを出そうと思ったら、原材料費以外にもたくさんのコストがかかるんだから。

そしてこれらのコストを差っ引いた残りの10パーセント、つまり100円ハンバーガーのうち10円が、お店の「儲け」になる。だから年間7000万円の売り上げがあったとしても、儲けと呼べるのは700万円くらい。

ここまで理解した上で、もうひとつシミュレーションしてほしいことがあります。景気が悪くなったりしてお店全体の売り上げが下がっていったとする。来客数が少なくなって、客単価も下がってしまってね。このとき、きみが店長だったらどうやって儲けを確保《かくほ》するだろう？

……そう。売り上げが下がったのなら、そのぶんコストを下げるしかない、と思うんじゃないかな。たとえば原材料費で、高い国産牛を使わずに、割安のオーストラリア牛にする。小麦もポテトもアメリカから輸入《ゆにゅう》しちゃう。あるいは、材料の下処理をアジアの国にお願いする。日本人に頼んだら時給1000円だけど、中国や東南アジアの国に頼めば時給100円くらいでやってくれることも多いからね。

というわけで現在、世界中の企業はアジアに工場をつくり、現地の人に生産をお願いしています。みんなが着ている服も、はいてる靴も、使ってるパソコンやスマホも、かなり「メイド・イン・チャイナ」とか「メイド・イン・ベトナム」と書かれたものが多いんじゃないかな。もちろん、こうやってアジアの国々に工場ができることは、その国の経済発展にもつながるし、お互いメリットのあることなんだ。

これからは、「この商品はどこでつくられたんだろう?」「それはどうしてなんだろう?」というふうに、想像を膨《ふく》らませながら生活してほしいな。

ハンバーガー1個からでも「世界」を知ることができる。

ひとつの商品から「世界」が見える。

世界はすでに、きみの手のなかにあるんだ。

2
時限目

みんなの力を借りてみよう

コミュニケーション能力を身につける

カンニングありの時代になった?

ものごとをしっかり「観察」して、自分なりの「仮説」を組み立てる。ただぼんやり考えるのではなく、考えるための材料を集めてからシミュレーションをしてみる。

ここまでの話は理解できましたか? ある程度練習すれば、きみだって考える習慣がつくんじゃないかと思います。

そこで次の段階。これも従来型の勉強と違うところなんだけど、答えっていうのは、自分ひとりで出すものじゃないんだ。

たとえば数学のテスト中に、友達に意見を聞いたり、解き方を教えてもらったり、ヒントをもらったりしたら「カンニングするな!」って怒られるよね。テストだけじゃない、授業中だって私語厳禁《げんきん》だ。

そのせいもあるのかな、みんな「問題はひとりで解かなきゃいけない」「誰かに相談しちゃいけないんだ」という思い込みが強すぎるような気がする。

でもね、みんなに知っておいてほしいことがある。

それは、現実の社会では「ひとりでできることなんて、なにもない」ということ。

しかも「周りに相談するのは、恥《は》ずかしいことでもないし、ズルいことでもない」ということ。

もちろん、答えだけを盗んじゃうようなカンニングはよくないよ。だけど、誰かに聞くこと、相談すること、意見を交わすこと。これは、いわゆるカンニングとはぜんぜん違う、とっても大切なプロセスなんだ。


わかりやすい話をしよう。

テレビや新聞を見ていると、よくベンチャー起業家《きぎょうか》と呼ばれる人たちが出てきます。若くして自分の会社をつくったとか、業界の常識を打ち破る挑戦だとか、最近では大学生のうちから起業した、という人だって珍しくありません。みんな生き生きしてるし、頭が良さそうでしょ。行動力や決断力を兼《か》ね備《そな》えた、ちょっとしたヒーローみたいに映るかもしれないね。

でも、ここで立ち止まって考えてみてほしい。

どうして彼らは、「会社」をつくったんだろう？

ひとりでやっていれば、もっと自由にできたはずなのに、なんでわざわざ「会社」にするんだろう？


ここは大きなポイントだ。優秀な経営者たちは、みんな知ってるんだよ。

「自分ひとりでは、なにもできない」

という事実をね。だからこそ会社というチームをつくるんだし、みんなの助けを借りるんだ。みんなの助けを借りながら、自分の夢に向かって突き進む。それが「会社をつくること」なんだよね。


これからみんなには、周りの力を借りる「コミュニケーション」の授業に取り組んでもらいます。1時限目に組み立てた自分の「仮説」がどれくらい正しいものなのか、いろんな人の意見を聞きながら考えなおし、場合によっては素直に修正する。周りの意見を取り入れることで、「仮説」をより強固《きょうこ》なものへと鍛え上げていく。

そんな目的を掲げた授業だと思ってください。

なぜ「三人寄れば文殊《もんじゅ》の知恵」なのか

三人寄れば文殊の知恵、ということわざがあります。

どんな平凡な人だって、3人で集まって相談すればすばらしい知恵が出せる、という意味です。ちなみに「文殊」とは、知恵をつかさどる菩薩《ぼさつ》さま。「知恵の神さま」みたいなイメージだと思ってください。

でも、この「みんなで相談すればスゴい答えが出る」って言葉、裏を返せば「ひとりで考えてもロクな答えは出ない」という意味でもあるよね?

ほんとうにそうなのか、じつはわかりやすい事例があります。

たとえば、マンガ家さん。おもしろい物語をつくり、それを魅力《みりょく》あふれる絵で表現できちゃう彼らは、努力に裏打ちされた特殊技能の持ち主です。そんな彼らでも、決して「自分ひとり」で仕事を進めようとはしません。かならず「編集者」というパートナーをつけて、作品づくりに励《はげ》むのです。

ここでいう編集者とは、マンガ家さんが自分だけでは気づかないような矛盾《むじゅん》や落とし穴を指摘したり、もっとこうすればおもしろくなるというポイントを、第三者の立場からアドバイスしてくれるパートナーです。

やっぱり、たったひとりで考えていても煮詰まっちゃったり、視野が狭くなったりするからね。あるいは以前と同じパターンの話が出てきたり、設定に矛盾が出ちゃったり。柔軟な思考ができにくくなって、身動きがとれなくなっていくんだ。

だからどんな一流のマンガ家さんでも、「もうひとつの眼」としての編集者に意見を求め、一緒に作品をつくっていく。そう、これは1時限目で話した「複眼思考（クリティカル・シンキング）」ともつながる話なんだ。

そこで今回、きみたちに「誰かと一緒に考える」ことをやってもらいながら、「みんなで考える」ということの意味と手続き、そしてルールを知ってもらいたいと思う。なぜなら、きみたちはまだ、ほんとうの意味で「みんなで考える」という経験をしたことがないはずだから。

エッ、もうそれ学級会やホームルームでやってる？

うん、これからぼくが話すコミュニケーションは、きみたちが知ってる「相談」や「話し合い」とは、ぜんぜん違う姿をしているはずなんだ。みんな遠慮《えんりょ》し合って、誰も積極的に発言しようとしない学級会。優等生っぽい「模範解答」ばかりが聞こえてくるホームルーム。はっきりいって、ここから得られるものは、ほとんどない。

じゃあどうすればいいか？　具体的に見ていこう。

アイデアをかき混ぜる「ブレスト」

みんなが場の空気を読みすぎて、誰ひとり自分から発言しようとしない学級会。これは、大人たちが会社でおこなう会議でも、よく見られる光景です。

もともと会議は、読んで字のごとく「会って議論する」ことが目的のはずなのに、

ちっとも議論がおこなわれず、ただの「報告会」になってしまう。みんなもそうじゃないかと思うんだけど、これってたぶん、

「間違ったことをいって、笑われたらどうしよう」

「こんな意見を出したら、バカだと思われるんじゃないか」

「生意気なヤツだと嫌われるんじゃないか」

「カッコつけてるって思われそうだ」

みたいな感情が邪魔《じゃま》をして、なにもいえなくなるんだよね。そして、内心「ほんとうにそれでいいのかな？」と思うような話があっても口を挟まず、うやむやのうちに会議が終わる。……なんとなく、心当たりあるよね？

そこで、どうすればもっと実《みの》りのある話し合いができるのか？

実社会のビジネスシーンでは、ここで「ブレスト」という特殊なミーティングをおこないます。ブレストとは「ブレイン・ストーミング」の略で、直訳すると「脳の嵐」。まさしく参加者の頭を、嵐のように引っかき回すミーティングです。

ブレストには、いくつかのルールがあります。ここでは、「よのなか科」で大事にしている、ふたつの決まりごとを紹介しましょう。

(1) 正解をめざさない

ブレストは「答え」や「結論」を出す場ではなく、「アイデア」を出し合う場。だからあえて結論を求めず、「いい」とか「悪い」とかの判断をせず、ひたすらアイデアを出していくんだ。

たとえば、文化祭の出し物について学級会を開いたとしよう。ここで正解をめざそうとすると、途端《とたん》につまらない意見しか出なくなる。せっかくのおもしろいアイデアも「そんなの必ず先生に怒られる」「予算が足りないよ」って否定されてしまって、なんとなく優等生っぽいことしか残らなくなる。

だからブレストでは、強い決まりごととして「答え」や「結論」を禁止するんだ。結論を出すのは、次回のミーティングで十分だから。

言葉にするとなんでもないようなことだけど、やってみると意外とむずかしいと思う。ぼくが「正解主義」って呼んでる、ひとつの正解にたどりつくことを目的とした教育が染《し》みついているからね。成長社会では「正解主義」でよかったけど、成熟社会に必要なのは、自分の答えを柔軟に変化させながら進む「修正主義」。

骨の髄《ずい》まで染みついた「正解主義」の習慣《しゅうかん》を捨てるためにも、ブレストを活用するようにしましょう。

(2) 他人の意見を否定しない

第二のルールはこれ。ほかのみんなが、どんなアイデアを口にしても否定しない。つまらないこと、突拍子もないこと、到底実現できないようなこと……どんなアイデアが出てきても、否定せず、むしろ「それいいね！」「おもしろい！」と盛り上げる。

やっぱり、みんなが学級会やホームルーム、それから普通の授業であんまり発言しないのは「こんなこと言って笑われないかな？」とか「間違ってたらどうしよう？」という恐怖があるからだよね。

否定されるのが怖い。笑われるのもイヤだ。つまらないヤツだと思われたくない。

だったらいっそ、「否定しちゃダメ」ってルールをつくっちゃえばいいんだ。

そうすればみんなも発言しやすくなるし、お互いの発言が刺激になって、よりおもしろいアイデアが出るようになる。もっと遠いところまで飛べる、という感覚。

これは、人間関係を考える上でも重要なことだよ。

人って意外と「なにを言ったか」よりも「誰が言ったか」に注目しちゃうところがあるでしょ。つまり、大好きなAくんが言った意見には、たとえそれが平凡な意見でもみんな納得する。一方で、嫌いなBくんが言った意見は、どれも反発したくなる。「お前の言うことなんか聞かないぞ」って思っちゃう。

だけど、ブレストの場では誰の意見も否定してはいけません。好きな人の意見も、ちょっとケンカしててムカついてる子の意見も、みんな一緒。否定することなく、また否定的な眼で見ることなく、すべて受け入れるようにしよう。

そうすればきっと、みんなのいいところが理解できるようになるはずだから。

さあ、このルールで文化祭の出し物を話し合ったら、どうなると思う？　きっと、自由に発言できるようになるよね。クラスのみんなから、おもしろいアイデアが出やすくなる。しかも、そうやって出てきたたくさんのアイデアをもとに、もっとおもしろいアイデアが浮かぶかもしれない。まさに脳がガーッとかき回されるような、スリリングな時間になると思う。

みんなもぜひ、このブレストというあたらしいコミュニケーションを試してみよう。引っ込み思案《じあん》な性格も、少しずつ解消されていくはずだから。

問題点を洗い出す「ディベート」

ブレストで徹底される「他人の意見を否定しない」というルール。誰の語る、どんな種類の意見であっても、ぜったいに否定しない。むしろ積極的にほめて、次のアイデアを促《うなが》す。

もし、これとは逆に「他人の意見を否定する」「どんなにおもしろい意見も、かならず否定する」というコミュニケーションがあったらどうだろう？

ギスギスしちゃいそうで怖いかな？

でも、これは実際にあるんです。みんなも名前くらいは聞いたことがあるかもしれない。「ディベート」といって、日本ではあの一万円札の福沢諭吉《ふくざわゆきち》さんが「討論《とうろん》」という訳語をつけた言葉です。

いま、わかりやすく「他人の意見を否定する」といったけれど、これは誤解を招く表現だね。ディベートの流れを簡単に説明すると、こんな感じになります。

①ある議題を設定する（たとえば「男子校・女子校は共学にすべきか？」など）
②賛成派と反対派に分かれる（自分の意思と関係なく、自動的に振り分け）
③それぞれの立場で自分の賛成・反対する理由を述べ合う
④第三者が、どちらの主張に分《ぶ》があったか判定する

おもしろいのは、自分の個人的な意見とは関係なく、賛成派か反対派に振り分けられるところ。個人的には「男子校なんてありえない。ぜったい共学にすべき」と思っ

ていても、反対派に振り分けられたら「男子校・女子校を残さなきゃいけない理由」や「共学のよくないところ」をたくさん考えて、「共学賛成派」と対決することになるんだ。相手が共学のメリットを説《と》いたら、そこに反論を加えていってね。

これも1時限目で話した「もうひとつの眼」としての複眼思考につながる考え。

自分自身が賛成派と反対派、どちらの立場でも考えられなきゃいけないし、相手の意見に耳を傾《かたむ》けることで、「そんな見方や考え方もあるのか！」という気づきもたくさんあると思う。反論にさらされて、いろんな問題点が浮き彫りになっていく。

そしてディベート大会では、最終的にどちらの意見に分があったか、第三者（審判）がジャッジするんだけど、「よのなか科」ではそこに踏み込むことはしません。

勝ち負けを争うためにやることじゃないからね。

ディベートがどんなものかイメージしづらい人は、ハリウッド映画やテレビドラマの裁判シーンを思い出してもらうといい。

腕利きの検事と弁護士が、それぞれの立場に分かれて自分の主張を述べ合う法廷バトル。なぜその結論に行き着いたのかを徐々に明らかにしていく、推理小説みたいなスリル。相手の矛盾点を突いて一気に形勢逆転していく、まるでオセロがひっくり返るような快感。あそこまでダイナミックなバトルをくり広げるのはむずかしいかもしれないけど、イメージとしてはあんな感じだ。

もしかすると、いまきみは「そんなことしたら口喧嘩《くちげんか》になりそう」と思ってるかもしれないね。たしかにそのとおり。慣れてない人が中途半端にディベートの真似《まね》をすると、いつのまにかケンカみたいになっちゃうことも多いんだ。

そこでディベートにおける、大切なルールを覚えておいてほしい。

それは「人格攻撃をしない」ということ。

要するに、相手に反論するとき「バカ」とか「アホ」とか、そんな言葉はぜったいに使わない。「うるせえ」とか「黙れ」とかもダメだし、「チビ」とか「デブ」みたいな身体的特徴《とくちょう》を攻撃するのもNG。

議論がヒートアップしても、これだけは守るようにしよう。

ゲームというのは、みんながルールを守ってこそ成立するものでしょう。

だって、どんなに熱くなっても、試合中にボールを手で持って走るサッカー選手はいないよね？　ルールを守らないゲームは、子どものケンカと一緒になっちゃう。

言葉のバトルに慣れてない日本人だからこそ、「人格攻撃はしない」というルールを守るようにしよう。

性格とコミュニケーション能力は関係ない

さて、この2時限目のテーマは「コミュニケーション能力」でした。

じつは、企業が学生を採用するとき、どこを重視するかというアンケートをとると、11年連続で「コミュニケーション能力」が1位なんだよね（経団連「新卒採用〈2014年4月入社対象〉に関するアンケート調査」より）。

どうして企業は、若者にコミュニケーション能力を求めるんだろう？

もう、みんなわかるんじゃないかと思う。

よのなかから〝正解〟がなくなっているからだ。素早く正解をはじき出す「情報処理力」よりも、自分なりの〝納得解〟を導き出す「情報編集力」が求められている。そして〝納得解〟は、他者とのコミュニケーションのなかで磨かれていく。聞く力も必要だし、答える力も必要。周りの意見を取り込みながら自分の〝解〟を軌《き》道《どう》修正していく柔軟性も大事になる。

そうしたコミュニケーション能力は、訓練次第でいくらでも身につくものなんだよ。よく「外向的」とか「内向的」とか、あるいは「明るい」とか「暗い」とか、性格の問題とごっちゃにされちゃうんだけど、性格は関係ない。みんなが大好きなお笑い芸人さんだって、プライベートではおとなしい人もたくさんいるんだから。

ここで紹介したブレストとディベートは、コミュニケーション能力を鍛えるための、すごくシンプルな方法。〝納得解〟を導き出すためにも、そしてよのなかを生き抜くコミュニケーション能力を身につけるためにも、ぜひマスターしてほしい。

それでは、実際の授業に移ろう。

▼付加価値《ふかかち》を生み出そう　あたらしいタイヤを考える

みんな「付加価値」って言葉は知ってるかな？

ビジネスの世界でよく使われる言葉なんだけど、簡単にいうと「あたらしい価値を追加する」ということ。

たとえば、ハイブリッド車。いまたくさん走ってるよね。おうちのクルマがハイブリッド車だという人も多いかもしれない。これはクルマという乗り物に、「エコロジー」というあたらしい〝価値〟がくっついた商品。だからこそ、たくさんの人に受け入れられて、大ヒットした。だって、そのあたらしい〝価値〟はほかのクルマについていなかったからね。

もう少しわかりやすい例では、マッサージチェア。これも椅子《いす》という紀元前からある家具に「マッサージしてくれる」というあたらしい〝価値〟がくっついた商品だ。おかげで、みんな椅子の何倍もするような値段で買ってくれる。

あるいは、ボールペンの握るところについてる滑《すべ》り止めのゴム。これなんかも、昔のボールペンにはなかった「滑らず握りやすい」という付加価値なんだ。

なんとなくイメージできてきたかな？


今回の授業で練習してもらうのは、この「付加価値」を生み出す作業です。

まず最初に、さっきゴムというキーワードが出てきたから、ゴムについて考えてみよう。みんなゴムを使った製品というと、なにが思い浮かびますか？

輪ゴム？

うーん、ありきたりな答えだな。じゃあ、こうしよう。「輪ゴム」と「髪をまとめるヘアゴム」、「パンツのゴム」に「靴底のゴム」、それからさっきの「ボールペンの滑り止めゴム」……この五つ以外で考えてみて。

ゴムといって輪ゴムを思いつくのは、考えることとはいえない。パターン認識といって、「情報処理力」側で反射的に出てきただけのものだ。ぼくはみんなに「情報編集力」側で考えてほしいから、ちょっと意地悪してみたんです。

さて、こうやって「よのなか科」の授業でゴム製品について質問をすると、いちばん多い回答が「タイヤ」になります。それだけ一般的な製品ということでしょう。

そこで今度は、「タイヤに付加価値をつけるにはどうすればいいか」を考えてみてほしい。もっとシンプルに「これまでにないタイヤって、どんなタイヤだろう？」と考えるのでもかまいません。

ここでの条件はひとつ。

ひとりで考えず、みんなとブレストしてみること。

斬新《ざんしん》な、これまでにないタイヤを考える。そこには当然、画期《かっき》的なアイデアが必要になります。そして画期的なアイデアなんて、そうそう簡単に出るものではない。

まずはみんなとアイデアの洗い出し（ブレスト）をしてみるんです。

いいかい？　ブレストのルールは「正解をめざさない」と「他人の意見を否定しない」だったよね。正解をめざさず、ハズレでもいいから、どんどんおもしろいアイデアを出していこう。

いま、この本をひとりで読んでいるきみも、とりあえず五つくらいアイデアを出してみて。そしてできれば、明日にでも友達と「こんな問題があるんだけど、一緒にやらない？」とブレストしてみよう。

では、実際の授業でよく出てくるアイデアについて考えてみます。

まず、「ボール型のタイヤをつくる」というアイデア。これ、おもしろいよね。たしかにタイヤはみんなドーナツみたいなかたちをしてる。でも、うまいことボール型のタイヤにできたら見た目にもおもしろいし、横向きや斜《なな》め向きに走ることも不可能じゃない気がする。

ただね、ボール型にしちゃうと道路との接地面が「点」になっちゃうんだ。いまのタイヤは「線」で道路と接地しているよね。おかげでアクセルもブレーキも利きやすくなっている。あのタイヤのかたちにも、ちゃんと理由があるんだよね。もちろん、ボール型のタイヤというアイデア自体はすばらしいよ。

その調子で、どんどん次のアイデアを出していこう。

それからもうひとつ、「色のついたタイヤをつくる」というアイデア。

これも実現したら街の風景が一変しそうだね。いまのタイヤはぜんぶ真っ黒で、なんとなく味気ない。カラータイヤ、すごくいいアイデアだ。

じゃあ、ここでどうしてタイヤが黒いのか考えてみよう。

汚れが目立たないように？　古いゴムを再利用してあんな色になっちゃう？

じつはタイヤのゴムには、「カーボンブラック」という炭素《たんそ》の粉が混ぜてあるんだ。これを混ぜることで、ゴムの強度が飛躍《ひやく》的にアップする。ほら、古い輪ゴムって、すぐにボロボロになっちゃうでしょ？　タイヤは人の命を預かる部品だから、ゴムがボロボロになって事故でも起こしちゃ大変だ。だからタイヤには炭素の粉を混ぜて、強度をアップさせている。おかげで黒くなっちゃうけど、見た目よりも安全第一だからね。

でも、タイヤの機能よりも見た目やファッション性に注目したのは、とてもいい着眼点だと思う。ファッション性というのも、立派な付加価値だから。

そういう柔軟な発想を忘れないでほしいんだ。

アイデアを出すときのポイントは、常識を疑うこと。

「なんでタイヤはあんなかたちなの？」

「どうしてタイヤはみんな真っ黒なの？」

「ゴム以外でタイヤはつくれない？」

こうやって、普通の人がなんとなく通り過ぎてる常識の前で立ち止まって、あえて疑ってみる。いいアイデアって、そういう「上手に疑うこと」から生まれるんだ。付加価値を生み出すためのブレスト、タイヤ以外でもいろんなモノで試してみよう。

▼制服は必要か？　あなたは私服派？　制服派？

続いては、ディベートの授業です。

ぼくは東京都杉並区の和田中学校という公立校で校長をしていました。若いころは、まさか自分が中学校の校長になるなんて考えもしなかった。だからみんなも、

「もしも自分が校長になったら」という前提で考えてほしいんだ。人生なにがあるかわからないからね。ほんとうに校長になっちゃう人もいるかもしれないよ。

校長になったきみに考えてほしいこと。それは「学校の制服をどうするか？」という問題です。

やっぱり制服はあったほうがいいかな？

それとも制服なんかなくしちゃって、みんな私服にしたほうがいい？

正直な話、これなんかは客観的にどっちが正しいかという問題じゃなくて、きみにとっては個人的な好みの問題だと感じていると思う。制服なんて古くさいと思う人もいるだろうし、「あの高校の制服が好き」「どうしてもあの制服を着てみたい」という理由で志望先を決めちゃう女の子もいる。

でも、今回チャレンジしてもらうのはディベートの授業だ。

だから自分が「制服派」なのか「私服派」なのかを決めてしまったら、あとは好き嫌いの感情じゃダメ。自分がそっちを選んだ理由を、論理的に、誰にでもわかる言葉で説明しなきゃいけない。

そしてディベートのルールは「人格攻撃をしない」だったね。その意味でも感情的な言葉ではなく、論理的な言葉で語るようにしよう。

じゃあここは紙上講義ということで、制服派と私服派それぞれの主張に耳を傾けてみよう。まずは制服派から。

「私服だったら、お金のある家庭とそうじゃない家庭の差がはっきり出て、いじめや差別の原因になります。だから、みんなが同じ制服を着るほうがいいと思います」

なるほど。たしかに私服だと、家庭の金銭的状況が見えちゃったりして、イヤな思いをする人も出てくるかもしれないね。とくに公立校だと、いろんな家庭環境の子が集まるから、大事なところだ。制服派からほかの意見は？

「制服があることで、在校生と卒業生の絆《きずな》が生まれると思います」

これはおもしろい意見だね。言われてみると、卒業生は母校の制服を見たとき懐かしく思うだろうし、私服じゃそうはいかないね。ほかには？

「制服は流行とか関係ないし、季節ごとに買い替える必要もなくて、便利だと思いま

す。私服は面倒です」

うん、私服だとファッションセンスとかトレンドとか、いろんなものに気を配らなきゃいけないよね。制服だったらそんなこと考えなくていい。

オーケー、じゃあ今度は私服派の意見を聞いてみよう。

「制服だと暑すぎたり寒すぎたりがあるけど、私服だったら細かい温度調整ができるので、私服のほうがいいと思います」

そうだね。たしかに制服だけじゃ体温調整はむずかしい。とくに女の子の場合、真冬もスカートだと寒いだろうね。ほかには？

「海外ドラマを見てると、アメリカの高校生はみんな私服だし、制服は時代遅れだと思います」

なるほど。どうして時代遅れなのかな？

「自分の好きな服を着ることは、自分を表現することにつながるので。みんな一緒の制服を着ていたら、個性が育ちにくい気がします」

たしかに自分を表現するって、大事なことだね。「みんな一緒」だったのが成長社会なら、成熟社会は「それぞれ一人ひとり」がキーワードなんだ。ファッションをきっかけに自分の個性に気づいたり、コミュニケーションが生まれたりする。これは制服だとできないことだろう。

……こんな感じで、自分の考えの正しさを主張して、相手の考えの誤りを指摘していくわけです。ちょっとした言葉のバトルだよね。その上で「よのなか科」では、あえて逆の立場でも考えてもらいます。

つまり、制服派の人に「とはいえ、制服にもこんなデメリットがある」ということを考えてもらう。私服派の人にも、私服のデメリットを考えてもらう。

ディベートで大切なのは「自分の意見や感情とは別に、賛成派と反対派のいずれの立場に立っても考えられる」ということだからね。片方だけじゃない、反対側からも考える力。まさに複眼思考なんです。

実際に友達とやってみるときには、考える順番やディベートする順番に気をつけてください。まずは自分ひとりで考える。ある議題について「賛成」なのか「反対」なのかを決めて、その理由を紙に書いていく。ただ理由を書くだけじゃなくって、メリットとデメリットを両方考えて、どちらも書いていく。これが準備段階です。

次に、誰か友達とふたりでディベートする。1対1のディベートですね。ジャンケンでも、くじでもいいから、どっちが賛成派になってどっちが反対派になるのかを決めて、それぞれ意見を戦わせる。

ある程度議論が出尽くしたら、今度は2対2や3対3のディベートに切り替える。そうすると、1対1のときには出てこなかった意見が出たりして、より思考を深められると思います。

できればこれを、5対5とか10対10、最終的にはクラス全員で半々に分かれてやるくらいまで大きくしていってほしいな。

気をつけたいのは、いきなりクラス全員でやったりしないこと。複数人からはじめると、どうしても「発言力のある人」や「声が大きい人」が前面に出て、ほかのみんなはそれに従う、という空気になりがちだからです。

最初は1対1からはじめて、「自分の主張を正面から伝える」ことに慣れていってから、段階的に人数を増やしていくようにしましょう。

ディベートの技術を身につければ、ものごとを多角的に検討できるようになるし、いまいちばん求められているコミュニケーション能力が飛躍的に向上します。

これを読んで、感心するだけで終わることなく、ぜひ実行に移してみてください。

3
時限目

自分の答えを疑おう

ロジカルシンキング能力を鍛える

正解なき時代の「疑う力」

みなさんは「疑う」という言葉について、どんなイメージを持っていますか？

「あの人は疑《うたぐ》り深いからね」

そう聞いて、どんな人を思い浮かべますか？

きっと、あんまりいい印象は持たないんじゃないかな。疑り深いって、特に対人関係では「相手のいうことをなかなか信じない」ってことだからね。ネガティブな印象になっちゃうのは、しょうがないと思う。

でも、「信じること」と「鵜呑みにすること」は、まったくの別物なんだ。

あなたのことを信じます、日本の未来を信じてる、運命の出会いを信じる。こんなふうに並べていくとわかるけど、「信じる」ってひとつの「決断」なんだよね。いろんな可能性を検討した結果、信じる。ほかの人はどう思うかわからないけど、自分はそれを正しいと思うから、信じる。だまされたり否定されたりするかもしれないけど、信じる。決して受け身じゃない、能動的な決断なんだ。

一方、「鵜呑みにすること」は決断じゃない。

相手が言ったことや、テレビや新聞が伝えていることを、そのまま受け入れる。自分の頭で吟味《ぎんみ》することなく、目や耳から入った情報をノーチェックで正解と見なす。完全に受け身で、なにも頭を使ってない。それが鵜呑みにする、ということ。


もし、きみが「信じること」と「鵜呑みにすること」をごっちゃにしているようなら、それは今日から完全に切り離して考えてほしい。

誰かを信じたり、なにかを信じたりするのは、立派な態度だと思う。友達のこと、家族のこと、自分の将来、日本の未来、いろんなものを信じてほしい。けど、なんでも鵜呑みにするのはとても危険なことなんだ。

ここまでくり返し説明してきた、クリティカル・シンキングという言葉。直訳すると〝批判的な思考〟になるって話はしたよね。これは「なんでも疑ってかかれ」という意味じゃなくって、「何事も鵜呑みにするな」という意味なんだ。

よのなかにあふれる情報を鵜呑みにすることなく、いったん自分の頭で考える。

あるいは、自分の出した「答え」がほんとうに正しいものなのか、もう一度客観的に、そして論理的に考えてみる。

こうした確認作業のことを、「検証」といいます。

自分だけの〝納得解〟を導き出すステップも、「観察」から「仮説」まで進み、その仮説を「検証」する段階にきました。

この3時限目では「検証」をテーマに、その具体的な方法である、ロジカルシンキングについて学んでいきましょう。

相手の「意図《いと》」を読み解く力

ちょっとだけ、ぼくの個人的な経験を踏まえた話をしますね。

みんなは受験勉強に必要な力、大学受験や資格試験なんかで問われる力って、どんな力だと思う?

きっと「記憶力」と答える人は多いんじゃないかな。受験って基本的に「どれだけたくさんの正解を覚えて、それを再現できるか」を問うシステムになってるからね。テストの前日になって「一夜漬け」したことのある人も多いと思う。あれなんかは、まさに暗記の勝負だよね。

でも、難関大学や司法試験に合格した人に話を聞いてみると、ちょっと様子が違ってくる。こんな答えが返ってくるんだ。

「出題する可能性がある範囲をすべて丸暗記するなんて、ぜったいに不可能ですよ。記憶力で勝負していたら、どこかで限界がきます」

そう。どんなに頭のいい人でも、出題範囲のすべてを暗記することは、さすがにできない。じゃあ「ヤマをはる」のかというと、それも少し違う。あてずっぽうにヤマをはっても意味がない。

そこで必要なのが「戦略」なんだ。

ぼくが東京大学を受験したとき、2次試験の地理で、いまだに忘れられないすばらしい問題が出た。1問目からいきなり「アフリカ大陸の海岸線の地図を大まかに描いて、そこに赤道《せきどう》を描き入れなさい」というだけの問題だったんだ。これ、中学生でもチャレンジできる問題だから、みんなもちょっと考えてみて。

……アフリカ大陸のかたちくらいは、ぼんやりと思い浮かぶかもしれない。

でも、赤道の位置を気にしたことはあるかな？

実際、この問題をやってもらうと、かなり多くの人が実際の赤道よりも上（北）のほうに赤道を引いてしまいます。簡単でおもしろい問題だから、友達同士で試してみるといいよ。

ちなみに東大の2次試験では、赤道を引かせたあとに「赤道近くにあるタンザニアが抱える今日《こんにち》的な問題を記述せよ」という問題へと続いていました。

もしもこれが、いきなりタンザニアの政治経済について記述させるだけなら、暗記でも対応できるよね。でも、暗記レベルの問題に入る前に、まずはアフリカ大陸の地図と赤道の位置を描かせた。この着眼点のユニークさは、さすが東大だと思ったな。お勉強として暗記するだけじゃなくって、勉強と現実の世界を結びつけながら取り組んでないと、なかなか解けない問題だからね。

さて、どうしてこの話をしたのか？

ぼくはこのおもしろい問題をクリアすることができました。なぜなら、ぼくなりの「戦略」が当たっていたから。

覚えておいてほしい。中間・期末のテストだって、それから高校や大学の入学試験だって、その背後には「出題者という人間」がいるんだ。ただ問題だけが存在するわけじゃない。テストってのは、血の通った人間がつくったものなんだし、大切なのは出題者との「対話」なんだ。

だからぼくは、受験の選択科目を地理にしたとき、過去10年間の入試問題をバーッとチェックして、「毎年のように出題されている国」と「まったく出題されていない国」だけを集中して勉強した。

毎年のように出題されている国は、出題者が「ここの知識は欠かせない」と思っているところ。逆に、まったく出題されていない国は、出題者が「そろそろ出そうかな」と思っていそうなところ。過去10年間の問題を読み込んで、そんなふうに出題者の気持ちにまでイメージを膨らませたわけ。

その結果、アフリカの地理を集中的に勉強していたから、この問題も解くことができた。まさに「戦略」の勝利だよね。


そして、もうひとつ。

正直いって、アフリカ大陸の海岸線を正確に記憶している受験生なんて、ほとんどいません。東大レベルの学生でも、まず覚えてない。

つまり、ここで問われているのは、〃地図としてのアフリカ〃じゃないんだ。

問われているのは、「西アフリカの大きな出っ張りが描けているか」とか、「インド洋と紅海《こうかい》を結ぶ『アフリカの角《つの》』（ソマリ半島）が描けているか」とか、そういう〃世界観としてのアフリカ〃への理解。しかも赤道を引くことによって、大陸のかたちや国の位置関係にごまかしがきかなくなる。ここでの赤道は、数学の図形問題でいう補助線みたいなものだからね。

もし、ここに気づかず〃地図としてのアフリカ〃を正確に再現しようとしたら、時間は足りないし、めったに再現できないでしょう。結果はボロボロになっていたと思う。なんといってもテストの1問目だからね。

いいかい？　出題者はなんの理由もなく問題を出すことはしない。あらゆる問題には、なにかしらの意図があるはずなんだ。出題者は、その問題を通してきみの「力」を試そうとしている。それが「情報処理力」を試そうとしているのか、それとも「情報編集力」を試そうとしているのか、しっかり見極めるんだ。

そのためには情報を鵜呑みにしない「疑う力」が必要になるし、これから説明するロジカルシンキングのベースが重要になってくる。さっそく、見ていこう。

論理的な話し方をマスターする

ロジカルシンキングを直訳すると、「論理的思考」になります。

論理的って、どういうことかわかるかな？

こんなときは、対義語から考えていくといいかもしれない。対義語、つまり反対の意味の言葉を考えてみるんだ。

論理的の対義語は……「非論理的」？

うーん、これは「非」という接頭語で「論理的ではない」と否定しているだけだから、いわゆる対義語とは違うかな。

じゃあ「感情的」？

ニュアンスとしては近いけど、感情の対義語は「理性」だね。感情的な人と、理性的な人。正反対な感じがするでしょ。

はい、答えをいってしまうと、論理的の対義語は「直感的」になります。ひらめき型というのかな。パッと答えが思いつく感じだね。

そうすると、論理的というものがどういうことを指すのか、わかってくるんじゃないかな。思いつきじゃなく、たしかな論拠をひとつずつ積み重ねながら、ゆっくりと答えに近づいていく。そもそも論理という言葉が「論が理にかなっている」と書くんだからね。直感ではない、理詰めで答えに迫っていくような態度のことを、論理的というんだ。

そこで論理的であることについて、もう少し具体的に考えてみよう。

わかりやすいところだと、論理的な話し方、というものがあります。

たとえば2時限目の最後に「学校は制服がいいか？　私服がいいか？」という問題を考えたよね。

これについて自分の考えを他人に説明するとき、こんなふうにいうんです。

「ぼくは制服賛成派です」

「制服のほうがいいと思う理由は、三つあります」

「ひとつめは、私服だとお金がかかって家計の負担が大きくなること」

「ふたつめは、制服だとひと目で生徒だとわかるので、お酒やたばこを買ったり、学校をサボって遊んだりしづらくなること」

「三つめは、みんなで同じ制服を着ていると仲間意識も芽生えるし、母校への愛着も湧くこと」

「以上の理由から、ぼくは制服のほうがいいと思います」

どうだろう？　わかりやすいし、説得力があるよね。

最初に「三つの理由がある」と宣言することで、聞き手の頭のなかに1、2、3と、箇条《かじょう》書きのナンバーが振られるんだ。そして、それぞれ箇条書きのように理由を述べていくと、聞き手も「なるほど、そういうことか」と納得してくれる。

これが、ひとつの理由だったら、ちょっと弱いんだよね。

「ぼくは制服がいいと思います。私服だとお金がかかるからです」

決して間違いじゃないんだけど、聞いてるほうからすると、いろいろツッコミたくなる。論理的な答えに聞こえないんだ。

そうじゃなくて、三つくらいの理由を積み上げる。「A、B、Cの三つの理由から、わたしはこう思います」というふうに伝える。こうすれば、かなり頑丈な意見になって、そうやすやすと切り崩されることもないはずだ。ここでの「理由」は、「根拠」と言い換えてもかまわない。

自分が導き出した「仮説」に、どれだけの客観的な「根拠」があるか。自分の「論」が、ちゃんと「理」にかなっているのか。

根拠の乏《とぼ》しい仮説は、みんなにとっての〝納得解〟にはならないからね。ぜひ「根拠」をチェックする癖をつけよう。

日常のなかにクリティカルな眼を

では次に、論理的思考と密接な関わりのある、クリティカル・シンキングについて考えよう。

みんなは「われ思う、ゆえにわれあり」という言葉を知ってるかな?

近代哲学の祖とされる、デカルトという哲学者の残した言葉だ。

これ、どういう意味だかわかる? 彼は「ほんとうに確かなものはなにか?」を考えるため、よのなかのありとあらゆるものを、あえて疑ってみたんだ(方法的懐疑《かいぎ》)。

常識とか、周りの人の発言、自分の考え、すべてを疑った。それどころか、世界が存在していること、目の前に広がる風景、自分が存在しているかどうかさえ疑った。

仮にいま、目の前にりんごがあったとしても、それは夢かもしれない。幻かもしれない。見えるもの、聞こえるもの、触れられるもの、なにもかもが夢や幻かもしれない。そうやって、すべてのものごとについて「いや、これもウソかもしれない」と疑っていったんだ。

その結果、デカルトのなかで最後まで残ったのが〝わたし〟だった。

もしかしたら、「デカルトという人間」は存在しないのかもしれない。でも、「デカルトなんて存在しないんじゃないか？」と疑っている〝わたし〟がいることは間違いない。そこだけは、疑いようがない。

つまり、「われ思う、ゆえにわれあり」なんだ。

デカルトの例はちょっと極端かもしれないけれど、彼は「疑う力」によって、真理をあぶり出そうとしたんだよね。

この授業でずっと訴えてきたクリティカル・シンキングの狙いも、まったく同じだと思ってほしい。批判することが目的じゃないし、疑うことも目的じゃない。これらはあくまでも手段。

クリティカル・シンキングの目的は、「情報を鵜呑みにせず、いったん自分の頭で考えること」であり、「より正しい答えに近づくこと」なんだ。

そこでクリティカル・シンキングの習慣を身につけるために、ひとつやってほしいことがあります。いきなりデカルトみたいにすべてを疑うのはむずかしいし、危険です。まずは、ワイドショーやニュース番組に出ている、キャスターやコメンテーターの発言を疑ってみてください。

たとえば、日本の人口問題について特集が組まれているとしよう。キャスターもコメンテーターも、深刻そうな顔をして「2100年までに、日本の人口は現在の半分になると言われています」と語っている。

このとき、「そんなのウソだろ」と文句をつけるのは、ただの言いがかり。

そうじゃなくって、「そもそも人口が減ってなにが問題なの？　人口密度が下がれば土地も広々と使えるし、環境破壊《はかい》も少なくなって、いいことのほうが多いんじゃないの？」と、別の角度から切り込んでいけるのがクリティカル・シンキング。

この違い、わかるよね？

そして人口が半減した社会をシミュレーションする。なぜ人口が減るのか。もちろん、亡くなるお年寄りの数もあるけど、それ以上に大きいのが「生まれる子ども」の数が少ないことがわかってくる。いわゆる少子化だ。

このまま少子化が進んでいくと、「誰がお年寄りを支えるのか?」という社会保障の問題が、いま以上に厳しくなる。

……こんなふうにクリティカル・シンキングをきっかけにシミュレーションをしていくと、ぼんやり見ていたテレビの時間も、かなり刺激的な時間に変わると思う。

ポイントは、みんなが常識としてスルーしているような「大前提」から疑ってみること。この眼を持つだけで、きみの思考力は大幅にアップするはずだ。

自分自身を疑ってみる

クリティカル・シンキングは、自分の周りにあるものを疑うだけでなく、自分自身に対しても向けられるべきものです。

たとえば、1時限目でハンバーガー屋さんをどこに出店するか、という授業をしました。それで仮に、きみが「商店街のなかに出店する」と決めたとしましょう。自分の住んでる町でいちばん人通りが多いのが商店街だから、という理由でね。

さて、こうやって一度出してしまった自分の答えに、クリティカルな眼を向けていくわけです。

「たしかに商店街は人通りが多いかもしれないけど、客層はどうなのかな？　主婦層が中心で、あまりハンバーガー屋さんは利用しないのでは？」

「その商店街が通学路になってる高校や大学、専門学校はどれくらいある？」

「ランチタイムにやってくるビジネスマンはどれくらいいる？」

「商店街といえば、定食屋さんやお蕎麦《そば》屋さんのほうが強いんじゃない？」

「そもそも、これからの商店街はさびれる一方だ。商店街に出店すればにぎわうなんて、何十年も前の発想だよ」

これはディベートの延長でもあるよね。あえて「商店街反対派」になってみて、どんなところに弱点があるかを考え、そこを徹底的に突いていく。他人にいわれたらムッとするような意見、せっかくの仮説を台なしにするくらいの反対意見を、ガンガン突きつけよう。

どうして自分自身を疑うのか？

もちろん〝納得解〟の精度《せいど》を高めるため、という大前提はあります。

でも、それ以上に大切なのは、心の柔軟性を保つことなんだ。

人はなにかを信じると、思考がそこでストップすることが多い。

自分にとって都合のいい情報しか目に入らなくなって、少しでも都合の悪い情報には目をつぶっちゃう。なかったことにする。そうやって「やっぱり自分は間違ってない」と思い続けるんだよね。

たとえば、きみが「数学なんて役に立たない」と思っていたとしよう。

受験には必要かもしれないけど、社会に出たら数学なんて使わないし、役に立たないってね。そうすると、数学のむずかしさやつまらなさばかりが目につくようになる。そして、数学のおもしろさに関する情報は、ぜんぶスルーしてしまう。見て見ぬフリをするんだ。だって、そのままでいたほうがラクだからね。

アタマの固いおじさんたちなんか、みんなそうだよ。変化するのが怖いから、いつまでも過去の常識にしがみついて、刻々《こくこく》と変化する時代の流れを見ようとしない。そういう大人にならないためにも、自分に疑いの眼を向けることは、とても大切だ。ほんとうにこれでいいのか？　もっといい方法があるんじゃないか？　なにか見落としてないか？　直感や感情だけで動いてないか？……というふうに、自分を質問攻めにする。特に大切なのは、本質的な「そもそも論」を投げかけること。

「そもそも、ハンバーガー屋さんはどんな人のためにあるんだろう？」

「そもそも、なんで制服が生まれたんだろう？」

「そもそも、お金ってなんだろう？　仕事ってなんだろう？　どうしてぼくらは勉強するんだろう？」

こういうクリティカルな疑問から出発して、自分も他者も納得できるようなロジックを、ひとつずつ積み重ねていく。なんとなくわかったかな？

それでは、実際の授業に移ろう。

▼先生に通知表をつけるとしたら

みんな、学期のおわりに通知表をもらうよね。

5から1までの5段階評価とか、10段階評価の学校もあると思う。

運動神経抜群《ばつぐん》で体育だけはいつも5をもらう人、数学だけは1や2になっちゃう人、いろいろいるでしょう。

それで、いつもは先生に3とか4とかの評価をつけられる通知表を、この授業では逆に、きみが先生に対して評価をつけてほしいんだ。数学の田中先生は4、英語の鈴木先生は2、音楽の加藤先生は5、というふうにね。なかなか楽しそうでしょ?

でも、実際に通知表をつけるとなると、なにをどう評価したらいいのか迷うんじゃないかと思う。きみたちがもらう通知表には、一応ペーパーテストという評価の基準があるよね? さすがに中間・期末のテストでどちらも100点をとっていたら、通知表で1になることはないだろう。先生たちも、テスト結果をひとつの目安としながら、通知表をつけているはずだから。

つまり問題は、先生を評価しようとしたときに、テストみたいなわかりやすい基準が存在しないことなんだ。もちろん、好きとか嫌いで評価するのはロジカルな態度とはいえない。テストの代わりとなるような、評価の基準を設定することからスタートしよう。


そこでひとつ、興味深いデータを紹介しよう。

きみが学校に通って勉強するのに、年間いくらくらいのお金がかかってるか、考えたことはあるかな？　小学校から中学校までの義務教育のあいだは、公立校では授業料が無償《むしょう》だから、あまり考えたことがないんじゃないかと思う。

無償といっても当然、先生たちの人件費をはじめ、校舎や体育館の修繕《しゅうぜん》費、備品の購入費など、学校を運営するにはたくさんのお金がかかる。教室の机や椅子、カーテンに窓ガラスだって、どれもタダじゃない。これ、誰が払っているかというと、税金から支払われているんだ。

だからみんなは、税金を通じて日本中の大人たちに授業料を出してもらいながら、学校に通っていることになる。そう考えると、授業にのぞむ意識にも少し変化が出るかもしれないね。


それで、具体的に年間いくらくらいかかるのか？

これは公立の小中学校だと、ひとりあたり年間100万円くらい。高校だと150万円くらいかかると思うんだけど、とりあえずここでは「年間100万円」として考えよう。

この年間100万円という数字を、どう計算するか。

1年だからといって365で割っても、あまり意味がないよね。だって土日もあれば、夏休みもあるし、春休みに冬休みまである。

そこで日数じゃなくって、授業のコマ数で割ってみたらどうなるだろう？

ちょっと調べてもらうとわかるけど、小中学校や高校の授業って年間1000コマくらいなんだよね。

そうすると100万円÷1000コマで、ひとりあたり1コマの授業に1000円かかっているという計算式が成り立つ。きみは毎回1000円の授業料を払って、1コマ1コマの授業を受けていることになるんだ。日本中の大人たちに税金というかたちで助けてもらいながらね。


1000円といえば、けっこうな金額だ。

だって、1000円分のお菓子を買ったら1日では食べきれないくらいの量になるだろうし、本を買うことも、映画を観ることもできる。こうやって「1000円で買えるもの」「1000円でできること」と、1コマの授業を比べてみると、その授業の価値が見えてくるかもしれない。

その先生は、毎回の授業で「1000円分の価値」を提供できているか。せいぜい300円分にしか思われない先生もいるだろうし、1000円どころか1500円くらいの価値を感じさせる先生もいると思う。

この「1コマ1000円」という数字は、先生たちを評価するとき、大きな基準となってくれるはずだ。しかも当てずっぽうな基準ではなく、ロジックを積み重ねながらたどりついた数字なので、賛同《さんどう》を得やすいものだと思う。

さて、まだまだ終わらないよ。次に「1コマ1000円」という数字に対して、クリティカルな眼を向けてみよう。

そもそも、この「1コマ1000円」という数字は、授業の「価値」を算出した数字じゃないよね。あくまでも授業にかかる「コスト」だ。学校という公《おおやけ》の場を設け、専門知識を持った教師を雇い、体育や音楽といった授業まで総合的に提供しようとしたとき、どうしても1コマ1000円のコストがかかってくる。そういう数字だ。

じゃあ、どうすればこのコストに見合うだけの「価値」を生み出せるんだろう？

あるいは、かかったコスト以上の「付加価値」を生み出せるんだろうか？

先生たちのレベルアップ？

もっと本質的な条件はないかな？

じつはこれ、とても大切な話なんだけど、授業というのは「かけ算」でできているんだ。

どんなかけ算かというと、「先生たちの努力×きみ自身の努力」。

たとえ先生が1000円分の授業を提供していても、きみのやる気がゼロだったら、1000円×0＝0円の価値しか生まない。授業の価値は、きみの主体性にかかっているんだ。

あるいは、こんなふうに考えるとわかりやすいかもしれない。

クラシックのコンサートに行ったとするよね。世界的に有名な交響楽団《こうきょうがくだん》のコンサートで、チケットの料金は5000円だったとしよう。このとき、きみが3時間のコンサートを真剣に聴いていたら、5000円は安かったと思うだろう。ひょっとしたら人生観が変わるくらいの体験になるかもしれない。でも、うとうとしながら聴いていたら、5000円は高かったと思うだろう。クラシックなんて退屈だ、お金のムダだった、って。

学校の授業も、塾の授業も、まったく同じ構図なんだ。

大切なのは、どれだけ主体的に取り組むか。先生が1000円分の授業を提供しているとき、きみのやる気が2倍3倍になっていれば、その授業は2000円分になり、3000円分の価値を持つことになる。

だから、先生に通知表をつけるときには、このあたりも踏まえながら評価するようにしよう。「数学が嫌いだから、数学の先生は1」とか「音楽は好きだから、音楽の先生は5」みたいな評価は、正しい評価とは呼べないからね。

こうやって通知表をつけていくと、自分の各教科に対するやる気や主体性も透《す》けて見えるようになるんじゃないかな。

「あの先生、教え方はうまいはずなんだけど、なかなか結果が出ないな。たぶん、ぼくの主体性がゼロに近いんだろうな」

という感じでね。

先生を評価することで、自分自身が見えてくる。おもしろい課題だと思うので、ぜひチャレンジしてみてください。

▼子ども部屋は必要か？

つぎに考えてもらいたいのは、みんなの日常に直結した課題です。

ズバリ「子ども部屋は必要か？」。

実際の「よのなか科」では、このとき親御《おやご》さんや地域の方々を招いて、一緒に議論してもらうんだけど、ひとまずここでは、自分ひとりで考えてみてください。

これはね、もう答えを聞かなくてもわかっています。ほとんどの人は「子ども部屋は必要だ」と考えるでしょう。そうだよね？

じゃあ、その理由を考えてみよう。

「プライバシーを保つためには、自分専用の部屋が必要だ」

「勉強に集中するには、勉強部屋が必要だ」

ぱっと思いつくのは、このふたつじゃないかと思います。じゃあここに、クリティカルな眼を向けていこう。

まず、プライバシーの問題。たしかにプライバシーは大切だよね。知られたくないこと、見られたくないことだってあるかもしれないし、自分専用の部屋があったほうがいい気がする。

でも、この理屈だと、家族の全員に専用の個室が必要になるよね。お父さんの部屋、お母さんの部屋、お兄ちゃんお姉ちゃんの部屋、弟や妹の部屋、おじいちゃんやおばあちゃんが同居していたら、その部屋も必要になる。

ただ、日本の家庭で家族全員分の個室が揃っているところって、そんなに多くないんじゃないかな。せいぜいお父さんの書斎があるくらい？ 特にマンションだと、全員個室という間取りはほとんどないでしょう。

……こういう反論をぶつけられると、きみは「勉強に集中するには、勉強部屋が必要だ」と再反論するだろう。これもね、いろいろ落とし穴の多い議論なんだ。

ちょっと子ども部屋から離れて、これから自分が家を建てるとしたらどんな間取りにするか、建築家のような立場で考えてみよう。

家族が団らんできるように、大きなリビングをつくろう。

週末に仲間を呼んでバーベキューができるように、テラスもつくろう。

静かに読書できるように、壁一面を本棚にした書斎をつくりたい。

そして子どもが勉強に集中できるように、勉強部屋を用意しよう。

これって、なにかおかしいと思わない？

ここもクリティカル・シンキングで、少しでも違和感を感じたら、素通りすることなく違和感の正体を掘り下げていってほしいんだ。

リビングがあれば、「必ず」家族が団らんするのかな？

テラスとバーベキューセットがあれば、「必ず」仲間が集まって、楽しい週末が約束されることになるのかな？

書斎をつくっておけば、「必ず」毎日のように読書の時間ができて、たくさんの本を読むようになるのかな？

テラスが野ざらしになっている家、書斎が物置のようになっている家、いっぱいあるんじゃない？

こういう「モノ」と「コト」が自動的に結びつくという発想が、そもそもおかしいことに気づいてほしいんだ。少しむずかしい言葉でいうと、「ハード」をつくれば「ソフト」もついてくる、という発想。それ、なんかヘンだよね。

駅や空港をつくれば町が栄《さか》えるとか、道路をつくればクルマの行き来が増えるとか、ナントカ文化会館をつくれば文化的に豊かになるとか……そういう誤った発想でつくられた道路や施設って、よのなかにいっぱいあるでしょ。

だから「勉強部屋をつくれば、勉強する」というのは、一見正しいようだけど、疑問の多い議論でもあるんだ。実際、何年か前には「東大生の約半数は子ども時代に自分の部屋よりもリビングやキッチンで勉強することが多かった」というデータも話題になりました。

子ども部屋があるからといって、それだけで勉強するとは限らない。むしろ、夜遅くまでゲームに夢中になっちゃうかもしれない。どこに住もうと、どんな間取りの家だろうと、そこでの暮らし方や過ごし方を決めるのは、自分自身なんだよね。

もうひとつ、お金の面についても考えておきたい。いくら自分の部屋といっても、みんなはそれを「所有」しているわけじゃない。いわばご両親から「借りている」状態だ。だったら、たとえば6畳の子ども部屋だとして、家賃に換算するといくらくらいになるのかを知っておいてほしいんだ。

お風呂もトイレもついていて、しかも食事付きの物件だよね。近所の不動産屋さんに行って、表の張り紙を見ながら「6畳、キッチン・バス・トイレ付き」の物件を探してみよう。都市部だったら5万円とか6万円くらいするかもしれないね。

きみのご両親は、子ども部屋を用意することで、毎月それだけのお金をきみに投資していることになる。……これ、けっこうシビアな金額だと思うよ。

そこできみは、毎月5万円の投資に対して、なにを返していくのか？

ちゃんと勉強して志望校に合格すること？　勉強以外の親孝行をすること？

子ども部屋は必要か、というテーマから、ここまで発想を広げていってほしいんだ。ロジカルシンキングとクリティカル・シンキングの力があれば、必ずできるはずだからね。

4
時限目

違う角度で
眺めてみよう

ロールプレイング能力を磨く

子どもはロールプレイの達人!?

みんな、子どものころにどんな遊びをしていたか覚えてる？

幼稚園から小学校の低学年くらいまで、まだゲームやスポーツ、マンガなんかに夢中になる前、なにをやって遊んでいただろう？

たぶん、なにかしらの「ごっこ遊び」をしていた人は多いと思うんだ。

男の子なら、戦隊ヒーローごっことか、探検ごっことか、車掌《しゃしょう》さんになりきる電車ごっことか、探偵ごっことかね。

女の子だったら、おままごとも「ごっこ遊び」だし、ケーキ屋さんごっこ、お花屋さんごっこ、それからお人形の髪をとかしたり寝かしつけたりするのも、一種の「お母さんごっこ」みたいなものだよね。

ぼくが子どものころもヒーローごっこは流行《はや》ったし、そのあとの世代でも、ウルトラマンごっこや仮面ライダーごっこは大人気だった。ウルトラマン役と怪獣《かいじゅう》役に分かれて、それぞれの得意技を武器に戦うんだ。ウルトラマンや仮面ライダーになった途端、ほんとうに自分が強くなった気がしてね。

どうしてこんな話を持ち出したかというと、この4時限目で取り組んでもらう課題と密接につながっているから。

今回、みんなには「ロールプレイする力」を学んでもらおうと思います。

ロールプレイは、日本語に訳すと「役割を演じる」という意味の言葉。子どものころに戦隊ヒーローになったり、ケーキ屋さんになったりしていたように、自分以外の誰かになりきってほしいんだ。

たとえば1時限目の「ハンバーガー店をつくろう」という授業。あのなかではみんなに、ハンバーガー屋さんの店長になりきってもらった。ロールプレイの一例だったともいえる。でも、どちらかというとあれは頭の体操《たいそう》レベルの話で、たとえば出店計画が失敗したときの責任問題とか、どんな人を雇ってお店をどう回していけばいいかとか、そこまで深く考えなかったよね。あの授業の目的は「シミュレーション」

だったので、ぼくもそこまでは求めなかった。

だけどこの授業では、ほんとうに自分が「当事者」になったらどう振る舞うのか、かなり具体的なところまで考えてほしいんだ。

なぜなら、その人の立場に立つことで、はじめて見えてくる景色があるから。

ケンカをしたときとか、クラスでいじめの問題が出てきたときとか、決まり文句のように「相手の立場に立って考えましょうね」といわれると思う。そしてきみたちも、逆の立場だったらどう感じるか、少しくらい考えたことがあるんじゃないかな。

でも、自分以外の誰かになって考えるって、かなりむずかしいことなんだよね。頭のなかで想像するだけでは、どうしても限界がある。


じゃあ、どうするか?

実際にその役割を演じて、なりきってみるんだ。

演じる、という言葉を聞くとハードルが高く感じるかもしれないけれど、子どものころは喜んで「ごっこ遊び」をしていたんだからね。あの延長でやれば大丈夫。

それではロールプレイがどういうものなのか、見ていくことにしましょう。

他人ごとを「自分ごと」に変えるために

ロールプレイの「役割を演じる」って、どういうことだろう？

映画とか演劇とかの、俳優さんみたいなイメージかな？

じつはいま、社員教育の一環としてロールプレイを取り入れる企業が増えています。特に多くなっているのが、接客業や営業職でのロールプレイ。

たとえばメガネ屋さんの場合、まずは従業員同士で、「店員役」と「お客さん役」の役割を決める。そしてお客さんが入店するところからスタートして、自然に声をかけるとか、さりげなく悩みを聞くとか、お客さんにどうアプローチするかを実際にやってみる。

そこからオススメのフレームをいくつか紹介して、試着してもらう。「お似合いですよ」とか声をかけながらね。フレームが決まったら、視力やメガネの度数を測って、今度はレンズ選びに入る。そして会計に進んで、お客さんをお見送りする。と、ここまでの流れを、実際の接客と同じようにやってもらうわけだ。

こうやって聞くと「なーんだ、接客の練習か」と思っちゃうかもしれないけど、それはちょっと違う。

接客ロールプレイは、ただ接客の練習をしているわけじゃない。むしろ、お客さんの役割を演じることで「お客さんの気持ちがわかること」が大事なんだよね。

いま自分がやってるように接客されたとき、お客さんはどう感じるのか。

押しが強すぎて不快になるのか、それとも逆に、説明が足りなくて不安になるのか。

ひとりにしておいてほしいと思うのか、もっと話しかけてほしいと思うのか。

ほめ言葉は不自然じゃないか、敬語や謙譲《けんじょう》語は過剰《かじょう》じゃないか。

BGMはうるさくないか、照明やインテリアは寂《さび》しくないか。

……このへんの感覚は、売る側の立場に立っている限り、予想や推測の域《いき》を出ない。お客さんの立場に立って、その役割を演じてみることで、ようやく「実感」することができるんだ。「予想」や「推測」しかできなかった他者の気持ちが、自分のものとして「実感」できるようになる。他人ごとだったものが、自分ごとになる。この差はかなり大きいよ。

だから、こんなふうにまとめることもできるだろう。

ぼくたちは、どうしても自分中心に世界を見て、判断してしまうところがある。ものごとを別の角度から眺めたり、別の可能性を考えることが苦手で、固定されたレンズで世界を眺めちゃう。そこで、より多くの理解が得られる〝納得解〟に近づくためには「もうひとつの眼」が必要になるわけ。「複眼思考」というやつだ。

じゃあ、どうすれば複眼思考ができるのか。

ひとつは、ありったけの材料を集めて、さまざまな可能性を比較検討すること。これは1時限目で学んだ「シミュレーション」だよね。

そしてもうひとつが、自分以外の誰かを演じることで、直感的に理解すること。こちらが今回学ぶ「ロールプレイ」になる。

頭で理解するシミュレーション。そして心で実感するロールプレイ。この両方を身につければ、〝納得解〟の精度はかなり高まるはずだ。

演じるときの主語は「わたし」

ここまでの話を聞いて、ロールプレイなんか簡単だ、と思った人は多いかもしれないね。

「たくさんの材料をかき集めてシミュレーションするのも、頭をフル回転させながらディベートするのも、ものごとをロジカルかつクリティカルに考えるのも、とても疲れる。でも、ロールプレイはそんなに頭を使わなくてよさそうだし、ラクそうでよかった。なんといっても『ごっこ遊び』の延長なんだから」

……これは完全な間違い。当然ながらロールプレイでも、たっぷり頭を使ってもらうよ。

たとえば「よのなか科」には、「校長ロールプレイ」という授業があります。簡単にいうと「もしもあなたが校長先生だったら、なにをする？」について考えてもらう授業です。

ここで「よのなかの校長先生たちは、なにを考えて、なにをやってるんだろう？」と考えて、それをなぞるだけでは意味がありません。それだったら校長先生に話を聞いたり、どこかの校長先生が出した本を読めばいいんだからね。

そうじゃなくって、ここで考えてほしいのは「ぼくが校長先生になったら」という「ぼく」のこと。もしくは「わたし」のこと。

自分がその立場に立ったら、なにをするか。どんな人に囲まれて、どんな責任を背負って、どれだけの権限《けんげん》が与えられて、そのなかで自分がなにを思い、なにをするのか。そこを考えていってほしいんだ。他者の役割を演じるロールプレイでも、あくまでも主語は「ぼく」であり「わたし」なんだよ。

ぼく自身の話をしようか。

杉並区立和田中学校に、都内の公立中学校初の民間人校長として赴任《ふにん》したとき、ぼくは自分にひとつのルールをつくった。それは「朝はバスで学校に通って、夜はタクシーで家に帰る」ということ。学校から自宅までのタクシー代は、ちょうど1000円くらい。年間200日学校に通ったとして、タクシー代だけで年間20万円。5年間勤めたから、100万円使った計算になるよね。

ほかの学校の校長先生にこの話をすると、みんな「なんてムダ遣《づか》いだ!」と驚いていたんだけど、ほんとうにそうかな?

もう少し状況を説明しよう。ぼくが朝に乗るバスは、始発の停留所だったから、いつも決まった時間に出発していた。ところが、帰りのバスは到着時間が不規則で、毎晩イライラしながら15分くらい待たされていたんだ。タクシーのほうが早いし、ストレスも少ない。タクシーに乗りたいと思うのは、当然の発想だと思う。

当然ここで、お金の面についても考えなきゃいけない。

仮に校長先生の年収が1000万円だったとしよう。

そして朝の7時から夜の7時まで、1日12時間働くとする。1年のうち学校に出るのが約200日。そうすると、年間の総労働時間は200日×12時間で、2400時間だ。

ここ、ちょっと数字が続くけど、大事なところだからついてきてね。

年間2400時間働いて、年収が1000万円。これを時給に換算すると、1時間あたり約4000円になる。

なぜこんな計算をしているかというと、「片道1000円」というタクシー料金の価値を考えたいから。

時給4000円で働く人にとって、1000円といえば15分の労働に当てはまる。だったら、夜の薄暗いバス停でムダな15分を過ごすよりも、1000円でタクシーに乗ったほうがずっといいよね？　イライラしなくてすむし、ムダな時間も減って、そのぶん仕事に集中できるわけだから。

そういうわけで、ぼくは自分の「15分」には「1000円」の価値があると考えて、毎日タクシーで帰宅することを選択しました。

きみに校長ロールプレイをしてもらって、これと同じ判断を下す可能性はかなり少ないと思う。なぜならこれは「藤原和博の判断」であって、別の人だったら「健康のために歩いて通勤する」とか「クルマが好きだから自家用車で通勤する」とか、いろんな選択肢があるはずだから。

成熟社会に〝正解〟がないように、ロールプレイにも〝正解〟はない。あくまでも「自分がその立場に置かれたら、なにを感じて、どう行動するか」を考えるんだ。そうしないと、ほんとうの意味で「実感」することはできないからね。

生き抜く技術としてのロールプレイ

「将来なにになりたい？」

子どもを前にした大人が、よく聞く質問です。

きっときみも聞かれたことがあると思うけど、子ども時代の自分が、どんなふうに答えていたか覚えているかな？

きみがサッカー少年なら、「日本代表に入ってワールドカップで優勝する」だったかもしれない。お菓子が大好きなら、「ケーキ屋さん」と答えていたかもしれない。ちょっとませた子どもだったら「ノーベル賞をとる」かもしれないし、「宇宙飛行士になる」や「オリンピックで金メダル」と答えていた人もいるだろう。

でも、小学校の高学年くらいから少しずつ気づきはじめる。

「ワールドカップはむずかしいかな。だって、たぶん来週の試合もベンチだもん」

「運動会のかけっこでもビリなのに、金メダルなんて無理だろうな」

「理科のテストがこんな点数で、ノーベル賞はむずかしいだろうな」

だんだん、夢や希望だけでは片づけられない「現実」を突きつけられていくよね。

いま、サッカー部に所属していて、無邪気《むじゃき》に「日本代表に入ってワールドカップで優勝する」と答えられる高校生はかなり少数派でしょう。

よのなかには、自分の思いどおりにならないことがたくさんある。

世界はきみを中心に回っているわけじゃないし、みんながきみのことを考え、きみに注目しながら生きてるわけじゃない。きみが涙を流して悲しんでいるのに、みんなは楽しそうに笑っていたりする。これは人が成長していく過程で、かならず乗り越えないといけない「現実」なんだ。これから先の人生でも、大好きな人にフラれるとか、受験に失敗するとか、いじめにあうとか、いろんな種類のつらい「現実」に襲《おそ》われる可能性がある。

ここで大切なのは、ロールプレイの力なんだ。

たとえば大失恋をして、ひとり寝室で号泣《ごうきゅう》しているとしよう。このときに、「そんな自分を客観的に眺めている自分」を持っていないと、人生はあまりにも苦しくなる。苦しみや悲しみから抜け出せなくなってしまう。

つらいとき、苦しいとき、もうダメだと逃げたくなったとき、心のどこかに「でも大丈夫だ」とか「こんなツライ目にあったら、もう笑っちゃうしかないかな」と思える自分がいるかどうか。ウソでもいいから、ボケたりツッコンだり、自分自身をいじったりする自分を持てるか。

よく「ほんとうの自分はどこにいるんだろう?」といって〝自分探し〟の旅に出る

若者がいます。それはそれでかまわないけど、「ほんとうの自分」よりも大切なのは「もうひとりの自分」を持つことなんだよね。

だって、「ほんとうの自分」だけで生きていたら、トラブルがあったときに逃げ場がなくなっちゃうから。「もうひとりの自分」がいるからこそ、思い詰めることなく、いい意味での逃げ場ができるんだ。

ロールプレイは、なかなか思いどおりにいかない人生を生き抜く、大切な技術でもあるんです。みんなもぜひ、身につけるようにしましょう。

それでは授業をはじめます。

▼公平とはなにか？　700／800問題

さて、ここからさっそくロールプレイの授業をはじめたいと思います。

ロールプレイの授業ということで、「どんな職業を演じるんだろう？」とワクワクしている人もいるかもしれないね。

でも、今回演じるのは、パイロットとか警察官とかアイドル歌手とか、そういう特定の「職業」ではありません。説明するから、イメージを膨らませてね。

・ある地域で、大規模《だいきぼ》な自然災害が発生した
・周辺住民に避難《ひなん》命令が出て、みんな中学校の体育館に集まった
・避難所となった体育館に、800人の住民が暮らすようになった
・住民の避難所生活は、1か月を過ぎたところ

きみの役割は、この避難所の責任者。みんなの食事や健康、それから支援物資《しえんぶっし》の管理なんかを担当する役割だ。

さて、この避難所にボランティアの方がたくさんのロールケーキを持ってきてくれました。保存食中心になりがちな避難生活のなかで、とてもありがたい支援物資です。ところが、さっそくみんなに分けようとケーキの数を数えたところ、700個しかありませんでした。くり返しますが、避難住民は800人。全員に配ろうと思うなら、100個足りないわけですね。

ここで責任者のあなたはどうするでしょうか?

……これは、実際にある避難所で起こったケースを元にしたロールプレイです。ぜひ避難所の空気、そこにいる人たちの顔を思い浮かべながら考えてみてください。

避難所の責任者として考えないといけないのは、避難住民の方々に不公平感が出ないこと。つまり、いかにして「公平」を確保するのか。ただでさえストレスの多い避難所生活ですから、トラブルの元となるような要素は全力で取り除《のぞ》かなければなりません。

さっき、これは実際に起こったケースだという話をしましたね。では、その避難所で責任者の方はどういう対応をとったか。

……驚いたことに、受け取りを拒否《きょひ》したんです。「800人のうち、700人にしか配らなかったら不公平になる」という理由で。

たしかに、受け取りを拒否して誰も食べないようにすれば「公平」は保たれる。でも、この「公平」は誰かを幸せにすることにつながっているのかなあ？　ひょっとしたら責任者だけが「なにもトラブルが起こらなくってよかった」と胸をなで下ろしているだけじゃないのか？

みんなには、そんな事なかれ主義の大人にはなってほしくないんです。だから、「受け取り拒否」以外の選択肢を考えてみましょう。

……まず、いちばんシンプルだけど、なかなか思いつく人の少ないプランを紹介しよう。800人もいる避難住民のなかには、赤ちゃんからおじいちゃんやおばあちゃんまでいる。持病のある人、ケーキが嫌いな人、卵や乳製品にアレルギーのある人、いろいろいるはずだ。

だったら、たとえ人数分のロールケーキがあったとしても、食べない人は100人くらいいるかもしれない。最初にやるべきことは、ロールケーキを食べたい人がどれだけいるかを聞き取り調査（手を挙げてもらうだけでもいい）することだ。いや、なにも聞かないでそのまま配りはじめても「わたしはいらない」という人がたくさん出て、結局問題にならなかったんじゃないかと思う。

次に、このロールプレイをやってもらったときに、いちばん多く返ってくる答えは「ロールケーキを半分に切る」というもの。

700個のロールケーキを半分に切ると、1400個になる。これだけあれば全員が食べられる、というわけだ。でも、今度は別の問題が出てくるよね。1400個を800人に分けたら、600個のあまりが出る。今度はこれをどうするか？

数学が得意な人だったら、こう答えるかもしれない。

600個のロールケーキを半分に切れば、1200個になる。それを800人に配れば、残りは400個。この400個をもう一度半分に切ったら、ちょうど800個になって、公平に分配することができる、と。

たしかに公平かもしれないけど、ものすごく手間がかかる。それに分け方として、あまりテンションが上がらないプランだよね。

もしもぼくが責任者だったら、こんなふうに想像するな。

避難所生活も1か月を過ぎ、みんなのストレスもピークに達している。周りの人の迷惑を考えると、大声でしゃべったり、大笑いすることも気が引ける。娯楽の少ない生活で、心も乾ききってるんじゃないかと思うんだ。

そこで避難所のリーダーとして、みんなに娯楽《ごらく》を提供したいと考える。体育館の空きスペースを使ってさ、綱引きでも玉入れでも、パン食い競走でもいいから、みんなが大声で応援して、笑って、ひとつになれるようなイベントを開催するんだ。スペースがなければ、ジャンケン大会でもいいんだよ。

景品はロールケーキ。１等の人には三つあげるとか、それくらいのことをやっても誰も文句を言わないし、むしろ喜んでくれるんじゃないかな。

やっぱり、８００人だとか７００個だとか、数学が出てきた途端に、数学の問題として考えちゃった人は多いと思う。たったひとつの〝正解〟を導き出すような、情報処理力による問題としてね。

でも、時代は変わり「公平」の意味も変わったんだ。

単に「みんな一緒」であることが公平というわけじゃない。均等《きんとう》に分ければそれでいいわけでもない。ロールケーキが嫌いな人、食べられない人だってたくさんいるんだから。それでも「みんな一緒」を優先すると、ロールケーキの受け取り拒否みたいな、本末転倒なことが起こってしまうわけです。

成熟社会の出発点は、「それぞれ一人ひとり」。

ロールケーキを5個も10個も食べたいと思う人もいれば、見るのもイヤだという人もいる。その人たちみんなが「納得」する配り方には、どんなものがあるのか。そこを考えていくのが、あたらしい時代の「公平」なんだ。

だから、もっと当事者の気持ちを想像してみよう。

その場にいる人、その場の雰囲気、そこに至るまでの流れ、いろんなものに眼を向けて、数学的な〝正解〟とは違った、みんなの心が喜ぶような〝納得解〟を探していこう。

それがロールプレイの醍醐味《だいごみ》だと思う。

▼面接官はどこを見ているか？　面接ロールプレイ

続いて、もう少し実践《じっせん》的なロールプレイをやってみよう。

大学入試、アルバイトに資格試験、それから就職活動に転職活動、あるいは結婚の挨拶まで。これから先の人生で、きみたちがなんども直面することになる「面接」についてのロールプレイだ。

英語や数学のペーパーテストなら、なにを勉強すればいいかはわかるよね。単語や熟語を覚えたり、公式を覚えたり、ひとつでも多くの数式を解いて計算力を高めたり、いろんな勉強法がある。

一方、面接試験になった途端、なにを勉強したらいいのかわからなくなる。だって面接って、はっきりした〝正解〟があるものじゃないし、なにをもって合格の判断が下されるのか、よくわからないよね。

そこでみんな、マニュアルに走るんだ。

たとえば就職活動シーズンに入ると、大学生たちはいっせいに面接の練習をはじめる。大学にある就職課のおじさんが、面接官代わりになって、面接のマナーやポイントを教えてくれるわけ。ちょっとしたロールプレイといえるかもしれないね。

でも、思い出してほしい。

先に接客ロールプレイの説明をしたとき、ぼくは「ロールプレイと練習の違い」について話したはずだ。接客ロールプレイのポイントは「接客の練習」ではなく「お客さんの立場」に立てることが最大の魅力だとね。

だから面接のロールプレイをするときも、受験者（面接を受ける人）としての練習よりも、「面接官」としてのロールプレイに力を入れてほしいと思う。

面接官になったとき、相手のどこが気になるか。

どんな人に対して好感を持ち、どんな人に対して不信感を抱くのか。

やっぱり見た目は関係あるのか、それとも受け答えの内容重視なのか。

このあたり、日ごろから抱えている「面接の謎《なぞ》」も、自分が面接官になってみれば一発で吹き飛ぶはずだ。ぜひ友達とペアを組んで、ひとりが面接官、ひとりが受験者という立場でロールプレイしてみよう。もちろん、終了後には立場を逆転させてもう一度やってみるといい。


面接ロールプレイをやるときのポイントは、できるだけ本物の面接に近い環境を整えること。

パントマイムやお笑いコントみたいに、なにもないところにノックして入ってくるんじゃなくて、ちゃんと本物のドアをノックして部屋に入ってくるところからスタートする。そして面接官役の人は机を挟んで椅子に座り、受験者役の人は部屋の真んなかに置かれた椅子に座る。こういう小さなところを本物に近づけるだけで、ロールプレイの質は格段に上がるからね。

じゃあ、きみが面接官役だとしようか。

まずは友達（ここでは仮に「藤原和博」としておこう）の名前を呼ぶ。

「藤原和博さん、どうぞ」

友達がドアをノックして部屋に入ってくる。お辞儀《じぎ》をしてから椅子のところまで進んで「よろしくお願いします」と挨拶する。そのまま椅子に座る。

……はい、ストップ。

ここまでの流れを見て、なにか気になるところはなかった？

そう、面接って椅子に座って話しはじめるところからスタートするものじゃないんだよね。面接官になるとわかるんだけど、部屋に入ってきた瞬間、いやドアをノックするところから、すでに面接はスタートしているんだ。

だって、ノックしてから椅子に座るまでの10秒くらいのあいだに、気になったところがいっぱいあったでしょ？

友達は、堂々と頼もしい感じだった？

それとも、そわそわと落ち着きがなかったり、自信なさげに見えた？

ここはとっても大切なポイントなので、しっかり覚えておいてください。面接のときに好印象を与える、ふたつの要素。

ひとつは「アイコンタクト」を送ること。

面接官の目を見て挨拶すること。面接官の目を見て話すこと。

相手の目を見て話しなさい、ってよくいわれるアドバイスだと思うけど、なかなかむずかしいよね。逆に面接官の立場になってみるとわかるのは、相手からずっと凝視《ぎょうし》されるのは不自然だし、不愉快《ふゆかい》になることさえあるということ。

だから、大切なのはアイコンタクト。そもそも、なぜ目を見て話すかといえば、相手になんらかのサインやメッセージを送るためなんだよね。具体的には、次のようなサインだ。

・挨拶するとき……………………「誠意・熱意」のサイン
・面接官の質問を聞いているとき……「真剣に聞いていますよ」のサイン
・発話中の大事なところ…………「これがわたしの意見です」のサイン

目を合わせることが目的じゃなく、このサインを送ることが目的。だから、むずかしい質問を受けて「えー、そうですね……」と考えているときは、宙を見上げたりしてもいいいんだよ。ちゃんと「○○だと思います」という段階で面接官の目を見ればいいんだからね。

もうひとつ、好印象を与える要素は「動作を区切る」ということ。
これはね、文章の句読点みたいなものだ。句読点のないままだらだら続く文章って読みにくいよね。しかるべきところにテンやマルが入るから、読みやすくなるし、意味も通じやすくなる。人の動作もまったく同じで、部屋のなかに入って、ぺこりと頭を下げながら前に進んで、「よろしくお願いします」と挨拶しつつ椅子に座って、というふうに動作が連続してると、すごく落ち着きがないというか、不安定な印象を与えるんだ。

だから、自分の動きを頭のなかで箇条書きにするといい。

・ドアをノックして部屋に入ったら、一度背筋を伸ばして静止する
・しっかりお辞儀して前に進む
・椅子の横に立って、もう一度背を伸ばす
・明瞭な声で「よろしくお願いします」と頭を下げる
・椅子に座って正面を向く

こうやって、それぞれの動作を区切っていくと、堂々として落ち着いた印象を与えることができるからね。

受け答えについては、「ネガティブな質問ほど、はっきり答える」こと。

面接のなかでは「あなたの短所を教えてください」とか「これまでいちばん大きな失敗談を教えてください」「あなたの嫌いなものを教えてください」といった、夢や希望だけではおさまりきれないような答えを要求されることがあります。

これについては、多少考える時間をおいてもいいので、なるべく堂々と、はっきり答えてください。

視線を落としたまま、ボソボソと「ぼくの短所は……気が、短いところ……のような、気がします」などと答えていたら、よほど自信がないか、ウソをついてると疑われ、いい印象は持たれません。失敗や挫折や短所もあなたのアピールポイントだと思って、自信をもって発言しましょう。


そしてもうひとつ。面接官をロールプレイするとわかるけど、面接のときは、面接官のほうも緊張《きんちょう》してるんだよね。「いい人だったらうれしいな」「気むずかしい人だったらイヤだな」と思っているのは、面接官も一緒。

ロールプレイによって、面接官の心のなかも覗《のぞ》いてみてください。

5
時限目

答えをみんなと共有しよう

プレゼンテーション能力を身につける

その答えを「納得」してもらうために

いよいよ最後の5時限目です。

ここまで、シミュレーション（1時限目）、コミュニケーション（2時限目）、ロジカルシンキング（3時限目）、そしてロールプレイング（4時限目）について学んできましたね。

これらはすべて、きみだけの〝納得解〟を導き出すためのものでした。ものごとを観察して、仮説を立て、その仮説をあらゆる角度から検証する。……まるで数学の証明問題を解いていくような作業だけれど、それぞれの意味や意義、また具体的な手法についても、しっかり理解してもらえたんじゃないかと思う。

でも、まだ残された最後のステップがあるんです。

自分だけの〝納得解〟を、「みんなにとっての納得解」にすること。自分の結論を、みんなに受け入れてもらうこと。つまり、答えを共有すること。この作業のことを、ここでは「証明」と呼ぼうと思う。

まずは、なぜそんなことをする必要があるのか説明しよう。

たとえば、数学における〝正解〟って、なにがあろうと絶対に〝正解〟なんだ。数学が導き出した〝正解〟の前には、王様も大統領《だいとうりょう》も、どんなに偉い人でも従わざるをえない。おそろしい独裁者《どくさいしゃ》が「違う！ 2×2は8だっ！」と叫んでも、国民から笑われるだけだよね。数学の〝正解〟は覆《くつがえ》せないし、だからこそ「数学なんて役に立たない」という話は大きな間違いなんだ。数学的に証明した正しさには、絶対的なパワーがあるんだから。

一方、正解のない、よのなかでの〝納得解〟には、それだけのパワーはない。きみが導き出した〝納得解〟は、どんなに綿密《めんみつ》な検証を重ねていようと、それだけでは「個人の意見」にすぎないんだよね。くやしいけど、そこは認めよう。よのなかにはいろんな価値観を持った、いろんな考えの人がいる。ディベートやロールプレイをするとよくわかるけど、菊の花を見て「きれいだ」と思う人もいれば、お仏壇《ぶつだん》やお墓を連想して「不吉だ、こわい」と思う人だっている。きみたちだって、友達と好きなアイドルの話をしているとき、「あんなヤツのどこがいいの？」と不思議に思ったりすることあるよね？　たとえきみが好きじゃなくても、友達にとっては最高に魅力的なアイドルなんだ。

じゃあ、きみが導き出した〝納得解〟を周りの人にもわかってもらうには、どうしたらいいのか。

数学の〝正解〟とは違うからね。「これが最終的な答えだ。正しいに決まってる」と強がっても、ほとんどの人は納得してくれない。きみが直接、その正しさを説明していく必要があるんだ。

しかも、よのなかには、きみとまったく違った答えを提示してくる人もいる。

ハンバーガー屋さんの出店場所について、きみが「商店街」と結論づけても、ほかの誰かは「大通りの交差点」と結論づけているかもしれない。きみは、そういうライバルたちに囲まれながら、自分の〝納得解〟をより多くの人に理解してもらい、信任《クレジット》を取りつける必要がある。

どうすれば〝納得解〟を完成させられるのか。つまり、どうすれば周りの人からの信任を得られるのか。これからゆっくり説明していこう。

すべての仕事はプレゼンだ

いかにして、他者からの信任を取りつけるか。

じつは、いまビジネスの現場でおこなわれていることも、ほとんどが「他者からの信任を取りつけること」なんだ。

ビジネスにも、絶対的な〝正解〟なんて存在しない。

きみたちにいちばん身近なところで話すと、企業が新入社員を採用するとき。たくさんの応募者のなかから誰を採用するのが〝正解〟なのかなんて、人事のベテラン社員にもわからないんだよ。

ものすごく期待して採用した新人が、遅刻や無断欠勤《むだんけっきん》をくり返すトラブルメーカーだったり、誰からも期待されてなかった新人が数年後に会社のエースになっていたり。これればかりは、一緒に働いてみないとわからない。たった10分程度の面接で人を見抜くなんて、不可能に近いからね。

じゃあ、面接ってどんな場なんだろう?

「わたしは、学生時代にバスケットボール部のキャプテンとして、これだけのリーダーシップを発揮してきました」

「わたしが御社《おんしゃ》に入ったら、キャプテン時代の経験を生かし、チームプレーの精神を忘れず、責任感をもって毎日の仕事に取り組みます」

よく考えてごらん。運動部のキャプテンだったからといって、リーダーシップがあるかどうかはわからない。責任感があるかどうかもわからない。ここに出てきている言葉は、すべて「仮説」なんだ。

そして、自分の「仮説」をいかにおもしろく、説得力あるものとして説明できるか。相手に「なるほど、そのとおりだ」と思わせることができるか。同意を取りつけ、自分の味方にすることができるか。

この力のことを、ビジネスの世界では「プレゼンテーション能力」という。一般に「プレゼン」と略される言葉だ。

面接試験の自己PRも、セールスマンの営業トークも、政治家の選挙演説も、すべてはプレゼン。自分の「仮説＝納得解」を紹介して、共感してもらい、信頼してもらって信任を得る行為なんだ。

たとえば以前、あるマンガ家さんがおもしろい話をしていました。彼によると、マンガの第1話は読者に対するプレゼンだ、というんだよね。

これからあたらしくはじまる新連載《れんさい》は、こんな舞台《ぶたい》で、こんな主人公がいて、主人公にはこんな敵がいて、さっそくこんな危機が訪れて、といったところをコンパクトに説明する。そして最終ページに驚きの展開を用意して「どうですかみなさん、来週も読みたいと思いませんか？」と問いかける。

このプレゼンに成功したマンガが、2話目以降もたくさんの読者に支持されて、人気マンガとして育っていくというんだ。なかなかおもしろい話だと思わない？

そう考えると、好きな人に「付き合ってください」と告白したり、将来プロポーズしたりするのも、一種のプレゼンといえるのかもしれないね。

プレゼン力の有無《うむ》は、きみたちの人生を大きく変えるものになる。ぜひプレゼンのできる人間、他者を味方につけられる人間になろう。

プレゼンでいちばん大切な力とは？

「プレゼンでいちばん大切なポイントはなんですか？」

もし、きみたちがこんな質問をしてきたら、ぼくはこう答える。

「ここまで説明してきた、すべてです」

なんとなく、答えをはぐらかされた感じかな。でも、これはほんとうなんだ。

プレゼンは総力戦。これまでに説明してきた「シミュレーション」「コミュニケーション」「ロジカルシンキング」「ロールプレイング」のすべてが必要になってくる。

たとえば、きみが就職の面接試験を受けるとき。

面接官は、きみがどんな人間で、その会社とどれくらいマッチするのか、ほとんどなにも知らない。

そこできみは「自分はどんな人間なのか」「どんな長所があって、短所はどこなのか」「いま受けようとしている会社はどんな会社なのか」「その会社の特徴はどこにあって、自分はどこに興味を引かれたのか」「自分なら、どんな仕事ができるのか」といった情報を丹念《たんねん》に調べ、考え抜かなきゃいけないんだ。これはまさに、シミュレーションの力。

続いて、面接にあたってコミュニケーション能力が欠かせないことは、もうわかってるよね。堂々と自分の意見を主張して、相手の質問にもしっかり耳を傾け、的確な答えを返す。これができないようだと、いくら学歴が立派でペーパーテストの点数がよくても、面接は通らない。

さらに、面接は「熱意」や「やる気」だけでどうにかなるものじゃないことも、大事なポイントだ。自分の長所や将来的な夢を、どれだけ論理的に説明することができるか。また、面接官から投げかけられた唐突な質問に対し、いかにして素早く納得解を導き出し、それを言葉で説明することができるか。ここは、完全にロジカルシンキングの領域《りょういき》になってくる。

そして最後に、ロールプレイング。面接中は、いい意味での演技力が必要になる。元気のよさ、若々しさ、清潔感、それからちょっとした愛嬌《あいきょう》やユーモア。相手がどんな人物を求めているかに応じて、しっかりその役割を演じなきゃいけない。ここは、4時限目にも説明した「面接官ロールプレイ」をやってみるとよくわかるだろう。

こうやって考えると、面接には1時限目から4時限目までに学んだすべてが必要になることがわかるはずだ。もちろんこれは面接に限った話ではなく、あらゆるタイプのプレゼンに同じことがいえる。

たとえば、アメリカの大統領選挙。

ここでの選挙演説を、チェックしてごらん。彼らは完ぺきに「シミュレーション」「コミュニケーション」「ロジカルシンキング」「ロールプレイング」を兼ね備えた演

説をしているから。笑顔のつくり方から身ぶり手ぶりまで、ハリウッドスター顔負けの役者ぶりだ。しかも、

「わたしはどんな人間なのか」

「いまアメリカでどんなことが問題になっているのか」

「わたしはどんな解決策を持っているのか」

「その解決策によって、あなたの暮らしはどう変わるのか」

「あなたはなにを選択すべきなのか」

といったポイントを、しっかり押さえた演説になっている。人種や民族、宗教も多様なアメリカには、日本的な「以心伝心《いしんでんしん》」の価値観はない。すべてを言葉にして伝えて信任を取りつける、積極的なコミュニケーションの文化がしっかりと根づいている。だからアメリカは、TED《テド》に見るように、プレゼン先進国でもあるんだよね。

いま、日本のビジネスシーンで語られるプレゼンの技術も、ほとんどはアメリカから輸入したものなんだ。いい機会なので、一度本場のプレゼンがどんなものなのか、触れてみてほしい。

ストーリーだけが人の心を動かす

政治家や大統領の選挙演説がプレゼンなら、もっと身近なところにもプレゼンの実例は転がっているはずだ。

たとえば小学校のとき、全校朝礼や始業式・終業式で「校長先生の挨拶」という時間があったよね？

そこで、みんなに聞いてみたい。

何十回となく聞いたはずの「校長先生の挨拶」で、いまでも覚えている話はどれくらいあるかな？

……もしかすると、なにも覚えてないという人が多いんじゃない？

校長経験者のひとりとして、はっきり言っておきたい。これはきみの記憶力に問題があるわけじゃなく、校長先生の「プレゼン力」に問題があったんだ。

校長先生に限らず、プレゼンやスピーチが苦手な人ほど、マニュアルに頼るんだよね。マニュアル、つまり模範解答にすがろうとするわけ。

「前任の校長先生は、こんな挨拶をしていたな。たぶんそれだったら格好《かっこう》がつくし、自分も同じような話をしよう」

「結婚式のスピーチといえば、これが定番の挨拶だよな。スピーチ集の本にも載《の》ってたし、そのまま拝借《はいしゃく》しよう」

こうやって、自分の言葉で語ろうとせず、借りものの挨拶でその場をしのぐ。だから誰の心も動かさないいし、みんなの記憶にも残らない。

もしもこの本を読み終わったとき、きみの心になにも残らなかったとしたら、それはぼくのプレゼン力が足りなかったということになる。本を通じてメッセージを送ることも、ひとつのプレゼンだからね。

さて、プレゼンには「シミュレーション」「コミュニケーション」「ロジカルシンキング」「ロールプレイング」のすべてが必要だということはわかった。

でも、ここにもうひとつ、重要な要素を付け加えないと、誰もきみの話を聞いてくれなくなる。せっかくの〝納得解〟が、共有されないまま終わってしまうんだ。

では、いったいなにが必要なのか。


プレゼンに欠かせない最後の要素、それは「ストーリー」だ。

どんなに細かいシミュレーションがあろうと、どれだけコミュニケーション能力が高かろうと、理路整然《りろせいぜん》としたロジカルシンキングができていようと、ロールプレイで演じる力があろうと……そこに魅力的なストーリーがないと、人は話を聞いてくれないものなんだ。

ストーリーといっても、別におとぎ話みたいな物語をつくるわけじゃないよ。

たとえば、日本でもっとも有名なストーリーの型として知られる「起承転結《きしょうてんけつ》」。みんなも国語の時間に習ったはずだと思う。

物語のはじまりとなる「起」、話を前に進める「承」、話をひっくり返す「転」、そしてなんらかの結末を描いた「結」。よく、新聞の四コママンガなんかを例に語られるスタイルだよね。

あるいは、論理的な話し方のところで説明した「わたしは○○だと思います。その理由は三つあります。ひとつは～」と結論から述べて、その理由を列挙《れっきょ》していくスタイル。これもある種、ストーリーの型といえる。

ほかにも、テレビを見ているとき、番組が盛り上がりかけたところで「CMのあと、まさかの注目発言！」みたいなテロップが出てコマーシャルに入ることがあるよね。そんなふうに言われると、思わず続きが見たくなる。じらされているようでくやしいけれど、気になってしまう。これなんかも、広い意味でのストーリーの力だ。


聞き手が「それってなに？」と驚くこと。

あるいは「詳しく聞きたい！」「もっと知りたい！」と前のめりになること。

さらには「続きはどうなるんだろう？」とワクワクさせること。

こうした構成や展開上の仕掛けのことを、ここではストーリーと呼びたいんだ。

なんとなく伝わったかかな？

プレゼンのお手本はどこにある!?

それでは、ストーリーのあるプレゼンのつくり方について、具体的に見ていこう。

たとえば、1時限目の「商店街にハンバーガー屋さんを出店する」という話をプレゼンするとき。だらだらと理由を並べて「だから、商店街に出店するのがいいと思います」と締《し》めくくるだけでは、相手はワクワクしてくれない。

だけど、こんな感じで話してみたらどうだろう。

「ハンバーガー屋さんといえば、通勤・通学客の多い駅前に出店するのが常識となっています。でも、わたしはこの常識に疑問を感じ、あえて別の場所への出店を決めました。その場所とは……○○商店街です!」

まだプレゼンのはじめの部分だけれど、これだけでも、ちょっと「なぜだ? 商店街のどこがいいんだ?」と心が動くよね。少なくとも、どんな持論《じろん》を展開するのか、続きを聞いてみたくなるはずだ。

あるいは、こういう導入も考えられる。

「今回、駅前に出店することができないと聞いたとき、わたしは絶望的な気持ちになりました。駅前以外の場所に出店しても、失敗するだけだと思いました。しかし、できないものは仕方ありません。ほかにも出店可能な場所がないかと、あらゆる角度からシミュレーションをおこないました。人口、交通量、客層、そしてライバル店の出店状況。その結果、驚くべきことがわかったのです。この町には、駅前に匹敵《ひってき》する可能性を秘めた場所がありました。それは……○○商店街です！」

ちょっと演技が強すぎると思うかもしれないけれど、アメリカ人だったら、これくらいは平気でやっちゃう。もちろん、日本人でも優秀なビジネスマンならこういうプレゼンができるはずだ。

事実として述べているのは「駅前ではなく、商店街に出店することにした」ということだけ。でも、そこに流れるストーリーを変化させるだけで、こんなにも印象が変わってしまうんだ。

小説、映画、音楽。あるいは、マンガ、テレビ、ゲーム、お笑い。ストーリーづくりのお手本になるものは、エンターテインメントの世界にたくさん転がっている。

今後、おもしろいエンターテインメントに触れたときには、ただ「おもしろいなあ」と思うだけじゃなくて、「なぜ自分はおもしろいと思ったのか」「どんな仕掛けのせいで、自分は引き込まれたのか」と考える習慣をつけよう。

そうすれば15秒のテレビコマーシャルも、なにげなく読んでいるマンガも、かなり計算ずくでデザインされていることがわかるはずだ。

勉強の先にあるもの

それでは実際の授業に移る前に、もう一度だけ確認しておきたいことがある。

0時限目の授業を思い出してほしいんだ。

あのときぼくは、従来型の「勉強」だけでは通用しない時代になった、という話をしたと思う。覚えてるよね。

その理由についても、大きくふたつ説明したはずだ。

ひとつめは、日本が「みんな同じ」の成長社会から、「それぞれ一人ひとり」の成熟社会に変化したこと。ふたつめは、成熟社会に突入した結果、よのなかから〝正解〟がなくなってしまったこと。〝納得解〟が必要になったこと。

これもくり返し説明してきたことだから、もう頭に入っていると思う。

そしてもうひとつ、きみに「勉強」に対する意識を変えてもらうべき、大きな理由がある。それは「よのなか科」の授業とも関係する、大切な話なんだ。

たとえば、「勉強する」という言葉。この言葉を聞いたとき、きみはどんな映像を思い浮かべるだろう？

ほとんどの人は「机に向かって参考書を読んだり、問題集を解いている姿」を思い浮かべるんじゃないかな。勉強とは、机に向かってガリガリひとりでこなすもの。そして問題とは、誰の助けも借りず、ひとりで解いていくもの。そんなイメージが強いんじゃないかと思う。

でも、社会に出ると様子がまったく違ってくる。2時限目のコミュニケーションのときにも少し話したけれど、社会に出てからは「ひとり」でやる仕事なんて、ひとつとしてない。すべての仕事は「協業《きょうぎょう》」なんだ。上司や同僚《どうりょう》はもちろん、取引先や関係者など、いろんな人の協力や合意《ごうい》があって、仕事は成立している。

いいかい？　ここ、大事なところだよ。

自分ひとりで机に向かって、自分ひとりで問題を解いて、自分ひとりでいい点数をもらって、それで周りから認められるのは、学生までの話なんだ。

だから企業は人を採用するとき、学歴やペーパーテストだけで判断しようとせず、どんなに手間をかけてでも面接をする。その人の優秀さよりも、「この人と一緒に働きたいか？」を優先するんだ。

もし、きみが成績優秀な優等生だったら、特に気をつけてほしい。

テスト勉強の延長で、ひとりガリガリと仕事に取り組んでも、それは大きな仕事につながらない。それでは人を動かせず、よのなかを動かせない。

人に相談すること、人に教えてあげること、人にわかってもらう努力をすること。

つまり、みんなと協力することによって仕事は動いていくし、社会人としてのきみも成長するんだ。

この5時限目のテーマである「納得解を共有しよう」という話も、同じこと。きみがひとりで「これが答えだ。これが正しい」と思っていても、それだけでは誰もついてきてくれない。

もしもやりたいことがあるのなら、実現したい夢があるのなら、胸の中にしまっておかないで、たくさんの人に話していこう。自分にはこんなアイデアがある、こんなことがやりたい、こんな夢を持っている、と言葉にしていこう。そしてたくさんの人を巻き込んでいくんだ。

ひとりで考えているうちは「夢」だったことも、仲間と共有すれば「目標」に変わるんだからね。

プレゼン力は、「他人を味方につける力」だ。

これからの人生、この授業で学んだポイントを思い出しながら、たくさんの味方をつくっていってほしい。

▼自分という商品をプレゼンする① 基礎編

それでは、実際にプレゼンテーションの練習をやってみたいと思います。

特別に準備するものはなにもありません。なんの下調べもなく、手ぶらでチャレンジしてもらってけっこう。なぜなら、今回プレゼンしてもらうのは「自分という商品」だからです。

本題に入る前に、どうして「自分という商品」なのか、なぜ「商品」と呼ぶのかについて、簡単に説明しておきますね。大人たちがビジネスの現場でプレゼンするとき、プレゼンする対象は大きくふたつに分かれます。

ひとつは、アイデア。

いちばんわかりやすいのは企画会議かな。「こんな新商品をつくりましょう」とか「こういうテレビコマーシャルを流しましょう」とか、出版社だったら「こんな本をつくりましょう」とかね。自分のアイデアがどれだけすばらしいか、どんなに斬新か、あるいはどれだけ手堅くてリスクが低いのか、たっぷりと説明していきます。

もうひとつは、モノ。

こちらの代表的な例は、新商品の発表会だろう。自動車メーカーがあたらしいクルマをつくったとき、家電メーカーがあたらしいテレビをつくったとき、ゲーム会社があたらしいゲームをつくったときなんかに、マスコミ関係者を集めて発表会を開催するんだ。そして、この商品がどんなにすばらしいのか、これまでの商品となにが違ってどんな人の役に立つのか、開発秘話から販売スケジュールまで、こちらも臨場《りんじょう》感たっぷりに説明する。

そして今回、きみたちがプレゼンするのは後者。自分という人間を、まるで新商品のように考えてほしいんだ。


さあ、イメージしてね。

大きな会議室のドアを開ける。部屋の中には長テーブルが置かれ、むずかしい顔をしたスーツ姿のおじさんたちが座っている。どのおじさんも、この日が初対面だ。そしてきみは、これから「自分」をプレゼンする。自分にはどんな魅力があって、どんなときに役に立つのか、周りからどれだけ信頼されているのか、などをプレゼンしていかなきゃいけない。

……さて、会議室に入ったきみの第一声は、どんなものになるだろう?

「はじめまして、佐藤健太です」

これだったら、おじさんたちは「どこの佐藤さん?」と思うだろうね。そしてきっと、すぐには名前も覚えてもらえない。自己紹介から入るのはいいんだけど、名前以外の情報がなにもないのは、さすがに不親切すぎる。

じゃあ、こんな感じかな?

「〇〇高校1年C組、佐藤健太です」

ここはちょっと説明が必要になるところだ。きみの友達のあいだであれば、きっと1年C組というだけで伝わる情報がたくさんある。「ああ、数学の山田先生が担任の、あのクラスね」「たしかサッカー部の渡辺もいたよね」「C組の桜井さん、かわいいよね」みたいな感じでね。

でも、会議室のおじさんたちにとっての1年C組は、ただの記号でしかない。きみが付け加えた「〇〇高校1年C組」という情報は、ほとんど情報としての意味を成《な》さないんだ。

じゃあ、どうしたらいいか。

ぼくの場合、定番の挨拶としてこんなふうに自己紹介するようにしてるんだ。

「どうも。顔を見てもらえばわかると思いますが、教育界のさだまさしです」

そう、ぼくの顔は歌手のさだまさしさんにそっくりなんだよね。だから、会議室のおじさんたちも、この挨拶にはウケると思う。

もちろん、この方法にも限界はあって、たとえば外国人に挨拶するときに「教育界のさだまさし」は通用しないだろうね。あるいは、小学校の子どもたちにも、わかってもらえないかもしれない。高校生だったら、ある程度は大丈夫かな、という感じ。

ここではね、相手と自分の共通項はなにかを瞬時《しゅんじ》に見抜くことが大切なんだ。共通の話題、共有している知識や経験、それから価値観。共有している言語、文化、習慣、その他いろんなものが絡《から》んでくる。ここから外れた言葉を投げかけても、相手にはなにも伝わらない。

これって、ビジネスの世界でのプレゼンでは、よくある失敗なんだ。

たとえば、どこかの家具メーカーが、インターネット通販をはじめようとしているとしよう。そこにインターネット企業の担当者がやってきて「うちのサービスを使うと、こんなに便利ですよ」とプレゼンをはじめる。ところが、そのプレゼンにはIT業界用語がたくさん使われていて、家具メーカーの社長さんにはさっぱり意味がわからない。結局、プレゼンの内容はよかったのに「なんだかむずかしそうだ」という理由で却下《きゃっか》されてしまう。

……みんなも、大人たちとアイドルの話やマンガやゲームの話が通じなくて、イライラした経験があるんじゃないかな。

プレゼンの大原則、そしてコミュニケーションの大原則は、「相手に通じる言葉」で伝えることなんだ。

自分が話そうとしているテーマについて、相手がどれくらいの知識を持っているのか、しっかり想像《イマジネーション》を膨らませること。想像するにあたっては、相手の年齢、性別、職業、服装、いろんなヒントがあるはずだからね。基本中の基本のようだけど、知らないうちに「自分たちにしか通じない言葉」を使っている人はとても多いから、ぜひ注意するようにしよう。

▼自分という商品をプレゼンする② 導入編

さて、さっきの説明でどうしてわざわざぼくが「教育界のさだまさしです」なんて挨拶をしたのか、不思議に思った人もいるかもしれない。

だってそうだよね？

普通に「リクルート出身で、2008年まで杉並区立和田中学校で校長をやっておりました、藤原和博と申します」みたいな自己紹介だってありえるんだから。経歴として間違ってはいないし、ほとんどの大人には通じる言葉のはずだしね。

でも、ここでちょっとロールプレイングの授業を思い出してほしいんだ。

部屋に入ってきた男が、いきなりこんな堅苦しい挨拶をしてきたら、きみならどう思う？

ぼくだったら身構《みがま》えるし、緊張さえしちゃう気がする。「なんだ、こいつは」「真面目くさくて、いかにもビジネスライクだな」「なにか悪いことをたくらんでるんじゃないか？」というふうにね。

プレゼンとは、相手を味方につける行為だという話をしたよね？

味方になってほしいのに、こちらがファイティングポーズを構えたままだったら、相手もガードを固めるよ。ほんとうに味方になってほしいのなら、まずは「わたしは敵じゃありません」というサインを送らないと。しかも、できればプレゼンの本題に入る前にね。

だからプレゼンでは「つかみ」が大切になる。

みんなのほうが詳しいかもしれないね。「つかみ」というのは、お笑い芸人さんがよく使う言葉だ。

舞台に登場した漫才《まんざい》コンビが、ネタをはじめる前に、定番の一発ギャグをやる。そんなにおもしろくなくてもいいんだよ。大切なのは、とにかくはじめにギャグを飛ばすこと。すると、お客さんはどっと笑って、会場の雰囲気が一気に明るくなる。漫才コンビもお客さんも、安心してネタの世界に入っていけるわけだ。

プロスポーツの世界でも、試合の前には始球式や球団マスコットのショータイムがある。音楽の世界だと、前座バンドがいたりする。映画館でも、本編の上映前に予告編が流れて気分が盛り上がる。……どうやら「つかみ」に該当《がいとう》するような仕掛けは、いろんなところにありそうだ。

これはプレゼンもまったく同じで、爆笑を誘う必要はないけど、なにかきみの人柄がにじみ出るような「つかみ」がほしい。

もし、きみが珍しい名前をしているのなら、名前をいじってもいいよね。

「名前だけは立派な、西園寺《さいおんじ》です」

これに続けて「中身も立派になれるよう、日々がんばっているところです」みたいな言葉をくっつけたら、もう「つかみ」はオッケー。会議室のおじさんたちも、ガードを固めることはないだろう。

面接官ロールプレイで学んだように、自分が緊張しているときは、相手のほうも少なからず緊張しているものなんだ。相手の警戒心《けいかい》を解くための「つかみ」。ぜひいろんなパターンを用意して、場に応じて使い分けるようにしよう。

▼自分という商品をプレゼンする③　関係構築編

プレゼンにも、お笑いみたいな「つかみ」が必要だというのは、意外な話だったかもしれないね。実際、欧米のプレゼンやスピーチでは最初に軽いジョークを挟んで、場を和《なご》ませてから本題に入ることが多い。そうすることで「この人は自然体で、余裕があるな」という評価にもつながるからね。

でも、初対面の人を笑わせるのはむずかしいし、そもそも「スベったらどうしよう」という不安が先にきて、なかなかうまい言葉が出てこない人も多いと思う。

それはね、きみの「誠実さ」という大切な個性でもあるんだ。

無理にジョークを連発しようとするより、自分のキャラクターを生かしたほうがいい。だって、相手が知りたいのは「この人はほんとうに信用のおける人間なのか?」なんだからね。

そこでプレゼンするとき、あるいは人前でスピーチするとき、ジョークが苦手だという人ほど意識してほしいポイントがある。

それは「あえてカッコ悪いところをさらけ出す」ということ。

失敗談とか、大きな挫折《ざせつ》とか、ずっと抱えてるコンプレックスとか、そういう本来なら隠しておきたいような話を、あえて表に出すんだ。しかも深刻にならず、なるべく明るい感じでね。

笑われたり、バカにされたりしそう?

うん、もしかしたらそういう意地の悪い人もいるかもしれない。でも、もし友達が「本来なら隠しておきたい話」を打ち明けてくれたとしたら、きみはどう思う?

自分のことを信頼してくれているんだな、心を開いてくれているんだな、と思うんじゃないかな。

人は誰だって、カッコよく見られたいとか、賢《かしこ》く思われたいとか、恥《はじ》をかきたくないと思う気持ちがある。程度の差はあったとしてもね。ぼくにももちろんあるし、きみにだってあるはずだ。

でも、そうやって「カッコよく見られたい」「恥をかきたくない」「バカにされたくない」と強く思うほど、人は心を閉ざして、ガードでガチガチに固めちゃうものなんだ。相手からすると、なかなか本音をみせようとしない、隠しごとをたくさん抱えた人物に映ってしまう。

だから、自分の心の殻《から》を破るためにも、積極的に挫折や失敗を語れる人間になってほしいと思う。

たとえば、ぼく自身の話をすると、子どものころから水泳が苦手でね。

小学校のころなんて、カナヅチといってもいいレベルだった。友達がスイスイ泳いでいるのに、ぼくだけ4～5メートルで足をついちゃう。6年生にもなって、息継《いきつ》ぎができないんだから。

それで6年生のとき、体育の授業で水泳検定みたいな測定会をやることになった。クラスのみんなが見ている前で、泳がなきゃいけないんだ。好きな女の子も見てるし、カッコ悪いところはみせたくない。

そりゃあ考えたよ。「どうすれば息継ぎせずに25メートル泳げるんだろう？」って。そこで出した答えが、やったこともない背泳ぎだったんだ。

一応、理屈は通ってるんだよ。ぼくの泳ぎは息継ぎに問題があった。水に顔をつけてるのがイヤで、息が苦しくて、「もうダメだ！」と顔を上げて息継ぎしようとすると、足がついちゃってる。

ぼくの仮説は、「ひょっとしてこれは、クロールという泳ぎ方に問題があるんじゃないか？」というもの。だって、背泳ぎだったらずっと顔が水面上に出ているわけだし、息継ぎもいらない。……かなりの名案に思えてきた。

ところが、いざ本番になって、手足をバタバタさせて泳ぎはじめたら、もう大変だ。顔に水はかかるし、鼻からも水が入るし、クロールよりも苦しい。仕方ないから目を閉じて、無我夢中で両手両足をひっかき回していたら、ようやく指先がコンクリートの壁にぶつかった。「おお、はじめて25メートル泳いだぞ！」と喜んで目を開けた。するとがっかり、なんとスタート地点に戻っていたんだ。

これにはクラスのみんなも大笑いでね。目をつぶったまま泳いでいたから、ぐるぐる回転して逆方向に進んでいたんだよ。

この話には、しっかりオチがある。

水泳が苦手なまま高校生になって、押し入れの整理をしていたときのこと。押し入れの奥から、母親が幼稚園の先生とやりとりしていた連絡帳が出てきたんだ。開いてみると、「うちの子は3歳のときに鎌倉の海で大波をかぶって以来、水を怖がるようになりました」と書いてある。……びっくり仰天《ぎょうてん》だよ。自分の記憶からは消えていた話で、両親からも聞いたことがなかったエピソードだから。

でも、人間っておもしろいものだよね。

この日を境に、水に対する恐怖心が消えて、泳げるようになったんだ。もちろん、いまでも水泳が得意とはいえないし、好きでもない。ただ、泳げるようになったという事実は、ぼくの中でとても大きなことなんだ。

……と、ぼくはこんな感じの失敗談、挫折やコンプレックスにまつわる話を、たくさんストックしている。

たしか0時限目だったかな、ルナアルの「にんじん」と、ヘッセの「車輪の下」で読書が大嫌いになったというエピソードを紹介したよね？　これも失敗談というか、挫折のネタだ。30歳で発症したメニエール病の話もそう。それから、メガネをネタにすることもあるよ。ぼく、コンタクトレンズというものが、どうしても怖くていまだに装着《そうちゃく》できないんだ。笑っちゃうよね？

ここで大切なのは、ネガティブな話ほど、明るく話すこと。

暗くなっちゃいけない。深刻な顔をして挫折や失敗を語られたら、相手はどう反応していいのかわからなくなる。明るく話すからこそ、「ああ、この人はもう乗り越えているんだな」という安心感につながるんだ。

どうやったら明るく話すことができるのか？

そこはもう、練習するしかない。

特に、自分の失敗談、挫折やコンプレックスについては、紙に書いていくのがいいと思う。だいたいひとつのエピソードにつき、1000〜1200文字くらいかな。ちゃんとタイトルもつけて、ぼくの場合だと「背泳ぎUターン事件」とか「読書うんざり事件」とか、ちょっと遊び心のあるタイトルでね。

それで400字詰め原稿用紙3枚くらいの文章を書いてみよう。書き終えたら読み上げてみる。これくらいの文章量だと、だいたい3分間のスピーチになるはずだ。音《おん》読《どく》して気になるところがあれば書きなおし、また読み上げる。そのくり返しだ。

こうして紙に書いていくうちに、挫折やコンプレックスのとらえ方にも変化が出てくるかもしれないしね。

できればこの3分間スピーチ原稿、頭の中に常時何本かストックしておきたい。ネタはたくさんあるはずだからね。

やってみるとわかるけど、プレゼンは思った以上にむずかしい。

というのも、通常のコミュニケーションと違って「対話」になりにくいんだよね。やっぱりプレゼンって、相手に対してひたすら自説をアピールする一方通行なコミュニケーションになりがちだから。普通のコミュニケーションは、言葉を交わし合うなかで距離を縮め、少しずつ互いを受け入れていくものなんだけど、それができない。

つまり、一発勝負で懐《ふところ》に飛び込むしかないんだ。

方法は、ひとつ。

自分の欠点をさらけ出して、ウソのないありのままの自分を見てもらうこと。カッコ悪いところも、ダメなところも、すべてオープンにしていくこと。いい子の仮面をかぶっているうちは、誰からも信頼されないし、誰も味方になってくれない。相手の懐に飛び込むことさえ、許されないんだからね。

ありのままの自分で勝負するということは、きみ自身の「生き方」が問われることになる。

従来型の「勉強」が役に立たないのは、当然のことだよね。

閉講の辞

さあ、これですべての授業が終了だ。

いま、きみたちの頭のなかは、へとへとに疲れ果てていると思う。これまでの「勉強」とはまったく違った、あたらしい時代の、あたらしい考え方に触れてきたわけだからね。そして最後にもうひとつ、この授業の締めくくりとして、きみたちに伝えておきたいことがある。

高校を卒業し、大学を卒業し、やがてきみたちは社会に羽ばたいていく。

まだまだ先のこととはいえ、「自分はどんな会社に就職するんだろう？」「将来結婚して家庭をもったりするのかな」と考えることもあるかもしれない。もしかしたら、具体的な候補を思い描いている人もいるかもしれない。

でも、これだけは覚えておこう。

世間で語られる「理想の職場」や「理想の家庭」なんてすべて幻想《げんそう》だ。そんなものは、どこにも存在しないし、探そうとすることさえ間違っている。

なぜかって？　ここまでの授業を踏まえて考えると、わかるはずだよ。

目の前の現実に目をつぶって「どこかに自分にぴったりな職場がある」と考えること。これは完全に、ジグソーパズルのピースを探す〝正解主義〟の発想なんだ。最後の1ピースが見つからなければ、パズルは永遠に完成しない。

一方、成熟社会に必要なのはレゴ型の〝修正主義〟。たとえ欠けているブロックがあったとしても、ほかのブロックを代用するなどして理想に近づけていけばいい。

いいかい？　人生は出来合いの〝正解〟を探しあてるものじゃない。自分自身の手で〝納得解〟をつくり上げていくものなんだ。

もう一度思い出してみよう。

0時限目では、成長社会から成熟社会への流れ、〝正解〟ありきの時代から〝納得解〟を導き出す時代への変化について見てきた。たぶん、この段階では時代がどう変化しているのか、成熟社会の〝納得解〟とはなんなのか、まだピンときてなかった人も多かったんじゃないかと思う。

1時限目は、シミュレーション能力として、考えるための材料を集める「観察」と、その材料を元に設計図をつくりあげる「仮説」について見ていった。たぶん「考えるとはどういうことか」という気づきもあったんじゃないかな。

2時限目で学んだのは、コミュニケーション能力だ。特に、徹底的にアイデアを出し合う「ブレスト」と、問題点を洗い出す「ディベート」という、両極端《りょうきょくたん》のコミュニケーションを身につけた。

3時限目は、ロジカルシンキング。直感に頼らない、論理的な思考法を見ていった。なかでも、ものごとを別の角度から再検討するクリティカル・シンキングは、成熟社会を生き抜くためには欠かせない力だ。

4時限目でチャレンジしたのは、ある役割を演じきるロールプレイング。「ごっこ遊び」の延長という言い方をしたけれど、相手の立場に立って考えることの大切さと難しさを痛感したんじゃないかと思う。

そして5時限目が、プレゼンテーションだ。自分の導き出した〝納得解〟を、他者と共有するための力。他者を味方に巻き込む力でもある。これができないと、せっかくの〝納得解〟も、きみだけの仮説になってしまう。

振り返ってみると、1時限目から5時限目までの授業が、どれも密接に絡み合った、ひとつとして欠かせないものだったことがわかると思う。

それではここで、あの問いに立ち返ろう。覚えているはずだ。「開講の辞」でぼくは、こんな問いを立てた。

「人はいったい、なんのために生きるのか？」

「人にとっての幸せとはなにか？」

人生に正解はなく、幸せのかたちにも正解はない。でも、そこにはかならず〝納得解〟があるはずだ。いまのきみなら、観察、仮説、検証、証明のステップで、自分だけの〝納得解〟を導き出すことができるだろう。

この大きな宿題をきみに預けて、閉講の辞とさせてもらおう。

カバー・帯イラスト　©三田紀房／コルク「インベスターZ」
ブックデザイン　小口翔平＋西垂水敦（tobufune）
構成　古賀史健（batons）
編集協力　柿内芳文（コルク）

たった一度《いちど》の人生《じんせい》を変《か》える
勉強《べんきょう》をしよう

2015年3月30日　第1刷発行

著　者　藤原和博《ふじはらかずひろ》
発行者　尾木和晴
発行所　朝日新聞出版
〒104-8011　東京都中央区築地5-3-2
電話 03-5541-8627（編集）
電話 03-5540-7793（販売）
印刷・製本　大日本印刷株式会社

ISBN978-4-02-331396-5
定価はカバーに表示してあります。
落丁・乱丁の場合は弊社業務部（電話03-5540-7800）へご連絡ください。
送料弊社負担にてお取り替えいたします。